复盘教练

把组织经验
转化为绩效

石 鑫　陈晓燕　姚志玲　褚冬彪｜著

北京联合出版公司
Beijing United Publishing Co.,Ltd.

图书在版编目（CIP）数据

复盘教练 / 石鑫等著 . — 北京：北京联合出版公司 , 2023.4（2023.12 重印）

ISBN 978-7-5596-6704-5

Ⅰ.①复… Ⅱ.①石… Ⅲ.①企业经营管理 Ⅳ.① F272.3

中国国家版本馆 CIP 数据核字（2023）第 035057 号

复盘教练

作　　者：石　鑫　陈晓燕　姚志玲　褚冬彪
出 品 人：赵红仕
选题策划：北京时代光华图书有限公司
责任编辑：高霁月
特约编辑：卢倩倩
封面设计：新艺书文化

北京联合出版公司出版
（北京市西城区德外大街83号楼9层　　100088）
北京时代光华图书有限公司发行
北京晨旭印刷厂印刷　　新华书店经销
字数237千字　　787毫米 × 1092毫米　　1/16　　19.75印张
2023年4月第1版　　2023年12月第4次印刷
ISBN 978-7-5596-6704-5
定价：78.00元

自序

VUCA 时代[①]环境发生了天翻地覆的变化，新冠肺炎[②]疫情之下黑天鹅事件此起彼伏，新的挑战接踵而至，旧的经验屡屡受挫。是拥抱变化迎接新生，还是故步自封等待消亡？我们不缺乏直面未知世界的勇气，却不具备应对全新挑战的能力。

大浪淘沙，始见真金，飓风过冈，伏草犹存。VUCA 时代，个人和组织需要足够的坚韧和敏捷，才能在未知中探索，在探索中迭代，在迭代中前行。而复盘正是进行有效探索和快速迭代的关键能力。

复盘可以把个人和组织的每一次成功迭代为持续的能力，把每一次失败迭代为共同的教训，实现"打一仗进一步""吃一堑长一智"。因此，复盘是不确定时代的个人和组织直面危机、应对变化、迎接挑战、创造未来的必备能力。

作为 AACTP（美国培训认证协会）复盘教练认证课首席顾问，有感于大家已普遍认识到复盘的价值，却苦于找不到一本讲透复盘方法

---

① VUCA 时代，意为变幻莫测的时代，现多译为乌卡时代。其中，V 代表 volatility，意为易变性；U 代表 uncertainty，意为不确定性；C 代表 complexity，意为复杂性；A 代表 ambiguity，意为模糊性。

② 2022 年 12 月 26 日更名为新型冠状病毒感染。

论的图书，在众行行动学习研究院刘永中老师的鼓励和鞭策下，我决定牵头创作一本书，一本能够给所有职业人提供复盘操作方法的书，一本能够帮助组织成功实施复盘的书。

2020 年 10 月 27 日，我邀请了另外三位 AACTP 复盘教练认证课程的核心导师陈晓燕、姚志玲和褚冬彪，一起开启了本书的写作。本书历经 400 多天的创作，50 多次线上、线下会议的讨论，终于完稿。

这是一本以 AACTP 复盘教练认证课程内容为主体，以 AACTP 大量复盘实践为案例的复盘实战指南。它也是一本全面阐述复盘理论、方法论和工具的复盘教练手册。它更是一本汇集了 AACTP 复盘认证导师多年实践沉淀的实操技法，可以手把手教你实施复盘的实用工具书。

作为一本立足实战的复盘工具书，本书着重阐述各类复盘方法的应用场景、原理、工具、实操技法和案例实践。全书共包括 7 章内容。

第 1 章为基础概念篇，介绍复盘的重要价值、基本概念、复盘具体场景及工具和实施时的关键要点，帮助读者对复盘有一个全景式的了解。

第 2 章为复盘教练基础技能篇，阐述了复盘中最重要的角色——复盘教练的价值、技法，让读者对复盘教练这一角色有一个全面的认知。

第 3、4、5、6、7 章分别为项目复盘、行为反馈复盘、心智反思复盘、文化复盘和行动学习项目的介绍，是对 AACTP 复盘认证课程的四种核心复盘方法论和行动学习项目的应用场景、实操技法、实践案例的翔实阐述。

在本书的创作过程中，我负责第 1、5、7 章的创作，以及全书的统稿、修改、润色和校对，陈晓燕负责第 3 章的初稿创作，姚志玲负责第 2、4 章的初稿创作，褚冬彪负责第 6 章的初稿创作。具体的章节虽有创作分工，但历时一年多的共创、复盘和打磨，可以说本书的每一章、每一节都是共创的结果，是四位作者的集体智慧。

感谢 AACTP 复盘教练认证课的众多学员，正是因为你们对复盘实操技法的渴求才催生了本书；感谢刘永中老师，他对复盘的许多洞见给本书的创作以重要启迪；感谢时代光华的任红波老师，正是因为他的慧眼才有了本书的出版；特别感谢我们四位作者背后的家人，在本书创作过程中给予了最大的支持和鼓励。

由于阅历和学识水平所限，本书肯定会存在不足之处，恳请广大读者不吝赐教。

石鑫

AACTP 首席顾问

众行行动学习研究院院长

石鑫个人微信

独行快，众行远

学复盘，赢未来

目录/CONTENTS

第1章

只有复盘，才能翻盘

第 2 章

复盘教练，赋能专家

第3章

项目复盘，方法来引导

第4章

行为反馈复盘，走出舒适区

第5章

心智反思复盘，提问出顿悟

第 6 章

文化复盘，溯源到基因

第7章

从复盘到行动学习

第 1 章

只有复盘，才能翻盘

经一蹶者长一智，今日之失，未必不为后日之得。

——王阳明《与薛尚谦书》

优秀的企业都重视复盘。无论是谷歌、亚马逊，还是华为、腾讯，都经常复盘。

为什么要复盘？什么是复盘？如何复盘？本章将从这三个问题出发，结合案例，让大家对复盘有一个全景式的了解。

1.1　为什么要复盘

复盘是一个围棋术语，又称"复局"，就是下完棋后，双方选手坐下来，把棋局从头到尾再推演一遍，以此总结得失，提升棋艺。那么，并非棋手的我们为什么要复盘？

在回答这个问题之前，我们先来反思一下：**在犯了错误之后，是选择"吃一堑长一智"，还是选择"好了伤疤忘了疼"？**

我们的理想状态是前者，而现实如何呢？回想我们的成长经历，不断地在同一个问题上犯错几乎是一种普遍现象，即使我们曾经被某些错误深深地伤害过，同样的错误也依然会卷土重来，让我们重蹈覆辙。

这就可以理解，为什么孔子把"不贰过"作为对心爱弟子颜回的极高赞誉。因为"吃一堑长一智"太过难得，"好了伤疤忘了疼"才是人生常态。

我们大多数人并没有颜回那样的智慧，如何才能做到"吃一堑长一智"呢？孔子的另一个弟子曾子给出了答案："吾日三省吾身。"这正是本书要说的"复盘"。

1.1.1 复盘，让你从新手变成高手

企业竞争，最终比拼的是人才。经常有管理者问：如何让新员工快速成才？如何让一个岗位新手迅速成长为高手？是张瑞敏提出的"赛马不相马"模式吗？是华为的"融入狼群三阶段"计划吗？

也对，也不对。说对，是因为这些模式都有过成功的实践；说不对，是因为这些模式一旦脱离了所在企业的文化就很难被复制。其实，有一个非常简单有效的人才快速成长模式一直没被大家提及，那就是复盘。

2007 年，笔者当时还在中海油（中国海洋石油集团有限公司）旗下的一家公司做人力资源工作。有一次，笔者受邀为一家下属单位的基层经理竞聘活动做评委。在众多竞聘者中，一个叫李伟的竞聘者引起了笔者的注意。

李伟在竞聘演讲时展示了两本厚厚的日记。他解释说，这是他参加工作两年来每天晚上写的工作反思日记，里面记录了他每天在工作中遇到的困惑以及思考的对策，也记录了向前辈借鉴来的方法和自己的感悟。所有评委都被这两本日记吸引了，大家一边传阅，一边就日记里面的一些见解向他提问。李伟谦和而自信地回应着。他态度沉着冷静，思考颇有深度和广度，完全不像是一个刚刚毕业两年的新人。

竞聘结果不出意料，李伟从一众竞聘者中脱颖而出，击败了多位工作年限在他之上的同事。

经过这次竞聘活动，笔者结识了李伟，并且成了他的朋友。经过之后的交往，笔者发现，李伟其实并不是一个通常意义上的聪明人，因为善于反思总结，其成长速度远远超过了那些所谓的聪明人。

后来，当接触到复盘这一领域时，笔者猛然想起了当年李伟那次

竞聘，这其实就是一个通过复盘让新手迅速成长为高手的典型案例。

虽然成功没有捷径，但是一定有方法，复盘就是其中一个有效的方法。此后，我们把复盘应用于新员工和新任经理的发展项目，果然大大地缩短了新人的成长时间。

其实，新手和高手之间就只差一个"复盘"。只要进行复盘，你就可以从新手成长为高手。

案例 1-1 复盘："笨人"曾国藩的"笨功夫"

曾子的复盘功夫在其第 70 代孙曾国藩身上，可谓体现得淋漓尽致。

曾国藩是个资质平庸的人，虽然刻苦努力但考秀才考了 6 次都没考中。第 6 次考试时，他的文章还被考官斥为"文理太浅"，作为反面教材挂榜示众，让其余考生引以为戒。曾国藩痛定思痛，反思自己的文章为何被考官斥为"文理太浅"。跟他人的优秀文章一比，他发现，自己文章的主要问题在于文字拘谨，重视局部打磨，缺乏整体性、系统性。

于是，曾国藩闭门苦修一年，在文章的大局观和整体气势上下功夫，成效立竿见影，顺利考取了秀才。此后，他又陆续中了举人、同进士，并在朝考中被道光帝亲拔为一等第二，选为翰林院庶吉士。从此，曾国藩踏上了仕途。这是复盘建的第一功，让曾国藩从一个"笨人"成长为一个官场新人。

从湖南湘乡到了北京的曾国藩，就像进了大观园的刘姥姥，看什么都新鲜，瞅什么都好奇，再加上他任职的翰林院工作清闲，曾国藩大部分时间都在呼朋唤友，虚度光阴。

幸好曾国藩有复盘的习惯，他在反思中幡然猛醒，及时止损，控制住了自己下滑的趋势。在京城大儒唐鉴和倭仁的影响下，他立下了学做圣人的恢宏志向，通过每天坚持记日记复盘自己的言行，一发现问题，就马上改正。很快曾国藩在气质、性格上发生了天翻地覆的变化。

曾国藩官运也很好，十年七迁，从从七品的翰林院检讨一路晋升为从二品的礼部侍郎，此后又兼任了兵、工、刑、吏四个部的侍郎，被人称为"侍郎专家"。这是复盘建的第二功，让曾国藩从一个官场新人成长为一个官场能人。

太平天国运动爆发后，腐朽的八旗兵、绿营兵一败涂地，江南半壁尽失。惶恐不安的咸丰皇帝令在籍官员操练民兵备战，在湘乡为母守丧的曾国藩墨绖从戎，在长沙招募勇丁。他并没有走形式、做样子，而是真抓实干，一边用心练兵，一边整肃治安。这下，曾国藩得罪了整个湖南官场，成了湖南官场的万人嫌，受尽排挤。直至湘军在湘潭击败太平军，震动朝野，咸丰皇帝下旨，湖南巡抚以下的官员都归曾国藩节制，曾国藩才总算长舒了一口气。

然而，当湘军追击太平军到江西时，曾国藩再次遭遇了官场碰壁、处处掣肘的情形。咸丰皇帝对他心存戒备，只让他干活，并没有给他相应的权力。太平军又在石达开的率领下将湘军分割包围在江西。一时间，曾国藩的处境岌岌可危。

不久，天京发生内讧，太平天国元气大伤，江西危局不战自解。清军方面的形势一片大好。曾国藩试图改变自己的处境，这次咸丰皇帝不仅没有答应他的要求，还顺水推舟，批准了他回乡守孝（天京事变后不久，曾父去世了）的请求。

　　咸丰皇帝卸磨杀驴的操作，让曾国藩瞠目结舌。他一时间乱了方寸，将多年的复盘功夫丢得一干二净。他每天在家骂人出气，骂弟弟，骂弟媳，骂下人，直到几个月之后，才终于平静下来，开始对自己的官场生涯进行深度复盘。

　　正是这次复盘，让曾国藩真正脱胎换骨了。曾国藩明白了为何自己一片正义发心，却总是四处碰壁，举步维艰。原因就是自从自己立下学做圣人的志向之后，他在别人面前不自觉地以圣人自居，自觉高人一等，动辄站在正义和道德制高点上要求和攻击他人。你待人如此，哪能怪别人如此待你？别人不可改变，能改变的只有自己。

　　事实证明确实如此。曾国藩再次出山后，就彻底放低了姿态。只要是七品以上的当地官员，他都逐一上门拜访，逐一真诚地感谢他们对自己的支持。结果如何呢？当年掣肘曾国藩的大小官员都开始支持和配合他。

　　后来，曾国藩在给弟弟的信中说道："昔年自负本领甚大，可屈可伸，可行可藏，又每见人家不是。自从丁巳（1857年）、戊午（1858年）大悔大悟之后，乃知自己全无本领，凡事都见得人家有几分是处，故自戊午至今九载，与四十岁前迥不相同。"这次复盘真正让曾国藩从一个能人成长为一个高人。

　　复盘伴随了曾国藩的一生，也让曾国藩从一个学不得法的"笨人"成长为官场新人，再从一个随波逐流的官场新人成长为才干出众的能人，继而从一个自恃清高的能人成长为和光同尘、可以担当大事的高人。

1.1.2　复盘，让你从优秀迈向卓越

吉姆·柯林斯（Jim Collins）在《从优秀到卓越》一书中提到，卓越最大的敌人是优秀。阻碍你做出更大成就的，不是别的，正是你过去的优秀。缺点不易改正，优秀的模式一旦成型就更难打破，因为那正是每个人的能力陷阱。

当笔者读到这句话时，脑子里马上浮现出了一个人：通用电气前CEO（首席执行官）杰克·韦尔奇（Jack Weich）。

案例1-2　**复盘：韦尔奇迈向卓越**

杰克·韦尔奇是美国商界的传奇人物。

1981年，他成为通用电气历史上最年轻的CEO。在他任职的20年间，通用电气的市值从120亿美元增至4100亿美元，公司也成为全球市值最高的公司之一。

他获得如此成功，却从未骄傲。在他的《杰克·韦尔奇自传》中，第十五章的标题就叫作"唯我独尊"，这是韦尔奇对自己的复盘，对自己的批判和反思。一次收购中，因为过分相信自己不会犯错，导致他给通用电气带来了一场大灾难，损失高达上亿美元。韦尔奇反思说，自信和骄傲只有毫厘之差，这次骄傲自大占了上风，给他上了永生难忘的一课。他在这件事情中学到，真正的自信是有勇气敞开心扉，欢迎新的变化和想法，不管它来自何方；真正的自信源于你的思维模式——随时做好成长准备的思维模式。

为什么韦尔奇可以不断地突破自我，成长为卓越的领导者？

答案就是复盘！

1.1.3 复盘，让团队"从战争中学习战争"

组织学习理论中有一个"721法则"，具体来说，就是人类的发展70%源自工作中的实践，20%源自向他人学习，只有10%源自培训。也就是说，90%的学习成长来自工作之中，课堂之外。如何才能让这90%的源自工作中的学习效果最大化？答案是复盘。如果没有复盘，收获如何就要靠悟性；有了复盘，就可以把工作中的感性认识升华为理性认识，进而指导新的实践，这也正是"从战争中学习战争"的学习理念。

通过前面的案例我们可以看到，复盘可以让一个人从新手成长为高手，从优秀迈向卓越，让团队从"战争中学习战争"。作为职业人，在职场中难免会遭遇成功或失败，只要懂得复盘，就可以把成功转变为能力，把失败转变为财富。因此，复盘是每个职业人都应该掌握的一项重要技能。

1.2 什么是复盘

如前所述，复盘的概念源自围棋的复局，其后被应用于其他领域。AACTP结合在企业的复盘实践，给出的复盘定义是：**个人或团队对过去回顾、反思、重构的结构化学习过程。**

AACTP的复盘具有三个特点：第一，将"学习"作为复盘的核心目的；第二，以"回顾、反思、重构"作为复盘的结构化研讨逻辑；第三，复盘不局限于某一事件，个人或团队经历的过去皆可进行复盘。

AACTP 结合复盘的不同应用场景，把复盘分为四种类型：项目复盘、行为反馈复盘、心智反思复盘和文化复盘。AACTP 的四种复盘方法论完全是基于企业经营管理所需的复盘场景而构建的，下面我们就对四种复盘方法论逐一介绍。

1.2.1 项目复盘

项目复盘，顾名思义，就是对各类项目进行阶段性复盘或总复盘，推而广之，也可以是一个部门围绕其共同目标进行阶段性复盘或总复盘。为什么要做项目复盘？我们先来思考下面的问题：

你的项目总结是流水账式的，还是遵循方法深入反思式的呢？

对于绝大多数项目团队而言，因为没有有效的复盘流程支持，没有专业复盘教练引导，项目总结模式不外乎这几点：每个人都事先打好底稿，首先感谢领导支持，然后感谢各团队配合，接下来郑重其事地讲亮点，有业绩说业绩，没有业绩说功劳，没有功劳说苦劳，没有苦劳说疲劳，最后避重就轻地说说不足，所谓不足也可以总结为"不是我不明白，是这世界变化太快"。至于目标是否合理，目标是否达成，其真正原因是什么，成功经验能不能真正被复制，失败教训能不能真正被规避，没有人去较真质疑，也没有人去深入探究。所以，绝大多数的传统项目总结，不过是一场形式主义的会议，一场卖力投入的表演，一场约定俗成的互吹，一场流水账式的回顾。

那么，项目复盘和传统的项目总结有何不同呢？两者的差异很多，此处我们只说一个最大的区别——流程——也就是我们常说的方法。

项目复盘画布就是项目复盘最重要的一个辅助工具。项目复盘画布把项目复盘过程分为四个步骤（项目复盘在具体实施时还包括第五步开展复盘汇报会）。

第一步，回顾目标。

正所谓"行程万里，不忘初心"，项目复盘的起点是回顾项目的目标，并和实际结果做对照。回顾目标达成得如何，这只是回顾目标最基础的作用。大家还要在回顾的基础上去反思，反思目标的合理性、目标的共识度、目标的挑战性，进而去重构真正有意义、有价值的目标。

第二步，评估策略。

《隋唐演义》里一代名将程咬金的绝招是什么？三板斧。正是简单到极致的三板斧，让程咬金成了一代名将。评估策略就是团队围绕项目目标的达成，评估有没有找到真正切实有效的策略。这些策略有没有目标，这些策略的实际成效是不是有效支持了目标的达成，这些策略还能如何进行优化，让策略变成程咬金的"三板斧"，从而变得可以复制。

第三步，反思过程。

人们经常说，魔鬼藏在细节中。目标达成的好坏正是源自过程是否有效。反思过程，就是围绕项目的推进过程，深入去反思：有哪些亮点，这些亮点如何提炼总结为标准和流程；有哪些不足，这些不足是因为问题出在了哪里，如何做能够规避这些问题，让结果变得更好；有哪些没有按照计划去做的变化项，变化的原因是什么，变化带来的结果是什么，如何规避和管理好这些变化。他山之石可以攻玉，我们可以借鉴哪些标杆案例，让我们做得更好。

第四步，总结规律。

低手靠经验，高手找规律。经验往往流于表面，规律才能洞察根本；经验往往打上了鲜明的个人标签，很难被模仿，规律才真正揭示了底层的本质，才能被复制学习。所以，总结规律就是深入反思成功或失败背后的根本原则是什么，总结后经过迭代验证，再进行复制，让项目过程中的成功和失败都变成组织的宝贵财富。

对照项目复盘画布，简略理解，你一定会发现，这是完全不同于传统的项目总结的模式。遵循有效的方法来引导项目团队，真正能够帮助其"打一仗进一步""从战争中学习战争"。

关于项目复盘更具体的内容，可以阅读本书的第 3 章。

1.2.2　行为反馈复盘

两千年前，古希腊阿波罗神庙的石柱上刻着一句神谕：认识你自己！苏格拉底以此作为座右铭。

两千年后，斯坦福大学商学院顾问委员会的 75 名成员在推荐领导者需要培养的最重要的能力时，他们的选择几乎一模一样：认识你自己（自我认知）！

由此可见，对于职业人而言，要想有所成长，有所建树，提升自我认知就是第一要务。从前面的曾国藩和韦尔奇的案例，我们也可以看到，卓越的领导者都善于通过自我复盘提升自我认知。但是，每个人都是有盲点的。正如俗语所说，"乌鸦站在煤堆上，瞧得见别人黑，看不见自己黑"，所以仅仅自我复盘是不够的，我们还需要通过他人的反馈来提升自我认知。

行为反馈复盘，就是通过相互"照镜子"，彼此反馈，帮助团队伙伴提升自我认知的一个有效的方法。

关于行为反馈，我们并不陌生，绩效面谈、辅导下属以及民主生活会中都会用到行为反馈，那么，为什么我们还要做行为反馈复盘？对照过往的反馈模式和下面的问题，我们反思一下：

你的行为反馈是自娱自乐，还是走出舒适区？

就笔者的观察来看，组织 80% 的行为反馈由于受到组织防卫的影响，浮在表面，没有帮助当事人走出舒适区，最终变成了一种自娱自乐；还有 20% 则是用力过猛，变成了非要让当事人在"灵魂深处闹革命"，最后适得其反。

如何才能切实地触及当事人的盲点，帮助当事人提升自我认知，走出舒适区，获得成长呢？依靠的就是行为反馈复盘。

行为反馈复盘又名"鱼缸会议"，顾名思义，就是当事人像"鱼"（被反馈者）一样接受"水"（反馈者）的反馈时，"鱼"只能听，不能为自己辩解，"水"则立足于团队的共同目标的达成，用给"苹果"甜一下和给"橘子"酸一下[①]，从正反两个方向给予反馈。无论是给"苹果"，还是给"橘子"，都要基于达成共同目标过程中切实的行为，而不是主观评判。

区别于传统行为反馈的自娱自乐和用力过猛，鱼缸会议有四个特点：

有流程，聚焦目标不瞎扯；

---

① 橘子果肉酸或甜，或有苦味，或另有特异气味。本书以"橘子"作为酸的代表。

有事实，针对行为不评判；

有结构，甜酸到位不扭捏；

有氛围，教练引导不伤人。

鱼缸会议以"四有"为原则，以画布为工具，在复盘教练的促动下，让行为反馈变得有料又有效。关于鱼缸会议更具体的内容，详见第4章，这里就不再赘述了。

1.2.3　心智反思复盘

在一家银行的复盘会上，行长批评一名资深的支行长："我觉得你不是做了十年的支行长，而是把一年的支行长经验重复了十年。"

很刺心的一句话，让笔者瞬间想起了哲学家加缪在《西西弗神话》中所描绘的场景。

西西弗是希腊神话中的一个国王，他冒犯了众神，于是众神惩罚他只做一件事：每天把巨大的石头推到陡峭的山顶，然后眼睁睁地看着它飞速地滚落下去，然后再推上来，如此周而复始，循环往复，永无休止。

对照一下你自己及周边同事的工作状态，有多少人正在每天重复着西西弗的故事？想想这是多么可怕的一件事。

反思一下：你是拥有 N 年经验，还是把一年经验重复了 N 年？

心智不对，努力白费。这就是为什么我们要做心智反思复盘。

心智反思复盘，就是借助当下一件让当事人感到左右为难的事，通过复盘教练按照画布的逻辑层层深入进行提问，从而引发当事人反思，浮现出无效的心智模式，引发顿悟，发展自己的心智模式的过程。

为什么说"**提问出顿悟**"？因为好问题是有力量的，有可能瞬间让当事人洞察到自己的心智盲区，从而引发顿悟。

举个例子。大家都知道，霸王洗发水是一个非常成功的本土品牌，通过强调中药这个特有的概念，从而在洗发水市场分得了一杯羹。在霸王洗发水获得成功后，霸王的老板看到同在广东的另一个和中药相关的产品——王老吉凉茶，在很短的时间内异军突起。于是，霸王也投资开发了一款霸王凉茶。结果如何呢？今天的市场上已经看不到这款凉茶产品了。

设想一下，如果在霸王的老板决定做霸王凉茶之前，你问他一个问题，有可能会瞬间引发他的顿悟，从而放弃这一失败的决策呢！

假如你问：**霸王凉茶，消费者会喝出什么味道来**？

答案一定是：洗发水的味道！

这个问题有可能瞬间引发顿悟：霸王作为洗发水品牌，知名度太高了，已经深入消费者的心智，用"霸王"命名凉茶，不是加分项，而是减分项。假如非要做凉茶，也一定不能再用霸王这个品牌了。

这就是"提问出顿悟"！但大家可能会疑惑："我怎么才能问出这么有力量的问题呢？"这就是心智反思复盘画布的妙用所在了。你可以按照画布的流程，参照提问卡，层层深入进行提问；也可以通过提问引导出当事人的顿悟，从而让其实现心智模式的发展。

关于心智模式反思画布的细节，在本书的第 5 章会做深入阐述，这里不再展开。

1.2.4　文化复盘

文化是一个组织的基因。哈佛商学院终身教授约翰·科特（John Kotter）及其合作者历时 11 年，研究企业文化对企业经营业绩的影响，他得出的结论是，重视企业文化的公司的经营业绩远胜不重视企业文化的公司。

文化既然如此重要，我们需要反思的是：**你的（企业/组织）文化是挂在墙上的，还是深入人心的？**

太多团队的所谓文化其实只是挂在墙上的口号，没有成为真正深入人心的指导原则。

如果你所在团队的文化也是如此，那么你就需要通过文化复盘，让你的组织文化深入人心。

文化复盘也叫"未来探索"，指统合来自各方的利益相关者，一起回顾过去，反思并凝聚组织的价值观；分析现在，洞察行业发展趋势；规划未来，澄清整个团队的愿景；凝聚共识，激发团队实现梦想的使命；落地行动，推动具体的行动措施落地组织文化。

文化复盘的过程就是文化共创的过程：因为有了大家的共同参与，所以充分凝聚了团队对文化的共识；因为建立了共识，获得了大家发自内心对文化的承诺，所以文化不再是挂在墙上的口号，而是员工入心的指导原则。这样一来，文化才具有了落地的属性。

关于文化复盘的具体方法，详见第 6 章的内容。

1.3 如何复盘

1.3.1 复盘的五个角色

复盘要想取得成效，需要五个关键角色发挥作用，他们分别是发

起人、召集人、复盘教练、评委组和复盘团队（如表 1-1 所示）。这
五个角色在复盘过程中承载着不同的职责，发挥着不同的价值，是复
盘成败的关键。

表 1-1 复盘关键角色表

复盘关键角色	职责及关键点
发起人	负责界定复盘课题，确定复盘目的，确定评委组和复盘团队，发起和推动复盘。一般来自组织的高层，甚至是最高领导 如果课题的边界是一个事业部，事业部总经理或比其级别更高的领导可以充当发起人；如果课题的边界是一个部门，部门经理或比其级别更高的领导可以充当发起人 发起人要能深刻认识到复盘的意义和价值。如果没有高层的大力推动，就很难真正让复盘启动起来
召集人	负责组织、管理和跟进复盘，一般由发起人委派 召集人要能够充分认识到复盘的价值，具有良好的沟通和协调能力，可以是一人担任，也可以是一个小组，一般来自组织学习发展部门或者运营协调部门
复盘教练	负责和发起人、召集人一起确定复盘课题、复盘目的，设计复盘项目及引导复盘项目的实施 复盘教练可以外聘，也可以来自内部。如果组织第一次做复盘项目，建议请外部专业的复盘教练进行引导；如果组织已经有过成功复盘的经验，培养了自己的内部复盘教练，就可借助内部力量进行复盘
评委组	负责参与城镇会议（复盘汇报会议），并通过提问向复盘团队的复盘成果进行挑战，从而启发复盘团队的认知（项目复盘），并对复盘团队的成果做出决策（文化复盘） 评委组一般为 3 ~ 7 人，由和复盘主题相关的高管共同组成，由发起人和召集人共同确定

（续表）

复盘关键角色	职责及关键点
复盘团队	复盘团队是复盘的主体，参与复盘课题的研讨，产出复盘成果，并在复盘过程中，提升自我认知，实现学习与发展 复盘团队一般为所复盘项目的干系人，可以是项目的参与者，或重要的相关者

1.3.2 复盘项目设计

复盘项目设计一般要在复盘工作坊开始前 1 个月启动，一般包括七项内容：选题及确认复盘目标、确定评委组、人员选择及分组、准备复盘研讨会材料、制定复盘研讨会议程、复盘研讨会情景分析及预案、复盘研讨会通知及资料发放（如表 1-2 所示）。

表 1-2　复盘项目设计表

工作内容	具体工作	负责人	时间
选题及确认复盘目标	会议讨论 现场调研 复盘主题分析 确定复盘类型及核心方法论	发起人、复盘教练、召集人	一般为研讨会前 1 个月
确定评委组	人员界定 人员沟通	发起人、复盘教练、召集人	一般为研讨会前 1 个月
人员选择及分组	人员评估 走访候选人 确认候选人名单 发放通知	复盘教练和召集人	一般为研讨会前 1 个月

（续表）

工作内容	具体工作	负责人	时间
准备复盘研讨会材料	准备理论、方法、工具 搜集数据	复盘教练、业务专家、复盘团队小组成员	一般在研讨会前20天左右
制定复盘研讨会议程	确定会议目标 确定会议日程、研讨逻辑	复盘教练、召集人	研讨会前15天左右
复盘研讨会情景分析及预案	情景分析 预案准备	复盘教练、召集人	议程确定后
复盘研讨会通知及资料发放	发送会议议程 发送需要小组成员提前阅读的资料	召集人	研讨会前10天左右

1.3.3 复盘项目实施

复盘项目实施是复盘的主体部分，包括五个环节：导入、复盘研讨、学习反思、成果汇报、关闭（如表1-3所示）。

表1-3 复盘项目实施设计表

环节	具体内容	关键点	负责人	时间
导入	对上次研讨内容的回顾 本次复盘会的问题及目标 本次复盘会的逻辑设计 本次复盘会的时间安排 本次复盘会的要求 复盘教练简短介绍自己的背景	建立平等沟通的关系 气氛的设定同所研讨的题目要保持一致 导入过程要简短、明确	发起人	5～20分钟

环节	具体内容	关键点	负责人	时间
复盘研讨	讲授复盘工具、流程 促动小组成员围绕主题复盘讨论 小组复盘阶段成果的分享及辅导 小组复盘成果的整理	复盘教练避免提出自己的观点 不对小组成员施加压力 不过分拘泥于程序 及时干预	复盘教练、复盘团队	80%的时间
学习反思	学员反思学习感受 团队有效性反馈	容忍模糊的存在 不回避对失败和不足的总结	复盘教练、复盘团队	10～30分钟
成果汇报	小组汇报复盘成果 评委提问挑战 小组回应提问 小组承诺 评委对小组评分	通过营造支持、安全、信任的场域打破组织防卫 平衡挑战与赋能	复盘教练、评委组、复盘团队	2～4小时
关闭	确认复盘成果及下一步行动计划 提出今后尚待研究的题目和方向 向参与者表示感谢	提出明确的行动推进要求	发起人	10～30分钟

1.3.4　复盘成果落地

复盘研讨会结束后，如果不进行跟进，复盘形成的成果、建立的承诺，很容易不了了之，所以持续的跟进对研讨会成果的落地至关重要（如图1-1所示）。

综上所述，复盘是个人和组织学习成长的重要方法，个人和组织最大的浪费其实就是对经验的浪费；复盘的四个应用场景覆盖了组织经营和管理的多个方面，这就意味着组织的实践过程皆可以复盘，皆可以把复盘作为经营管理活动的闭环；复盘拥有一整套专业的流程技术，每个人都可以通过学习掌握，并应用于个人工作和生活，或组织经营和管理中。

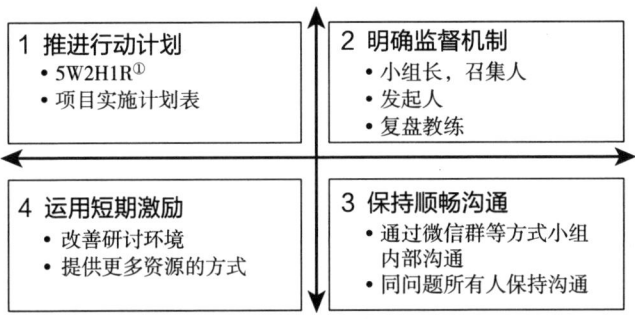

图 1-1 复盘成果落地跟进步骤图

"问渠那得清如许，为有源头活水来。"复盘为个人和组织打开了源头活水，让我们"打一仗进一步""吃一堑长一智"，把成功转化为能力，把失败转化为财富。复盘是今天的职业人都应该掌握的一项技术，是每个经理人都应该给自己增加的一个斜杠，因为有复盘，才能翻盘。

想更直观地了解复盘的观点及案例，可扫描下方微信二维码观看刘永中老师复盘专栏的微课。

刘永中老师复盘专栏

① 5W2H1R，即 who（谁），what（什么），when（何时），where（何地），why（原因），how（如何），how much（程度），result（结果）。

本章复盘：智慧火花，精彩再现

回顾：本章让我印象最深的三点

_____

_____

_____

反思：此时此刻，我的感受和启发

_____

_____

_____

重构：我将做出改变的一点

_____

_____

_____

老石寄语

你是"吃一堑长一智"，还是"好了伤疤忘了疼"？

你是结构化总结，还是流水账式回顾？

你是走出舒适区探索，还是原地转圈？

你是拥有N年经验，还是把一年经验重复了N年？

你是溯本求源，还是缘木求鱼？

开始复盘，改变就此发生。

第 2 章

复盘教练，赋能专家

毋代马走，使尽其力；毋代鸟飞，使弊其羽翼。

——《管子·心术》

　　复盘的原理并不复杂，但为什么大量企业组织的复盘是无效的呢？因为复盘本质上是在跟人的缺点做斗争，如果没有专业的复盘教练引导，没有对团队不断赋能，而只是照猫画虎做复盘，最终的结果只能是流于形式。

　　本章将从复盘的三大障碍入手，阐述复盘教练发挥的三种赋能价值，帮助大家了解复盘面对的挑战，理解复盘教练在复盘过程中的定位，以及赋能对复盘的重要意义。

2.1 复盘的三大障碍

　　"有些话不好说，还是要照顾面子的……"

　　"我们也想这样做，但目前的准备还不充分……"

　　"想法很好，但是我们这个体制，你也是知道的……"

　　这些话是不是很熟悉？是不是经常可以听到？它们看似平常，背后隐藏的却是复盘的三大障碍：习惯性防卫、熟练的无能和习得性无助。

2.1.1 习惯性防卫——不敢讲真话

　　习惯性防卫，是指为使自己或他人免于说真话受窘或感到威胁而形成的一种根深蒂固的习性。习惯性防卫有两种表现形式：一是不敢或不愿说出自己的真实想法，怕受到攻击，或者怕得罪他人，即"说真话的恐惧"；二是为自己的行为、观点辩护，证明自己是对的，即

"自设的保护壳"。

习惯性防卫在团队复盘时表现为：团队成员不敢讲事实，怕被指责；不敢讲真话，怕被"甩锅"；不敢畅所欲言，怕被排挤；甚至看领导或者他人的表情进行选择性发言，怕被"穿小鞋"。

习惯性防卫在参与复盘的团队成员之间设下了一道屏障，阻碍了成员间的正常交流和沟通，使得他们难以实现共同学习。在复盘过程中，习惯性防卫最常见的四类表现如下。

第一，习惯用"但是+原因"句式。

在复盘会议上，我们经常看到有伙伴面对评委的犀利提问找借口，或进行神转折。比如，"我们都做好规划了，但是厂家没有及时发货，造成产品销量上不去""我们已经备好货，但是突然暴发了新冠肺炎疫情，造成门店客流量锐减""你说的这些我们都知道，但是……"。

"但是"这两个字太有杀伤力了，属于"消除类的词汇"，只要"但是"后面接的是原因类的描述，前面的信息就通通被消除了。找到一个看起来貌似对的原因，让结果看上去合理化，实际是浪费了发现真实原因的机会。

第二，"听我说"。

"听我说"主要表现为：与人对话的时候，还没等对方说完，就急着表达，尤其当双方观点不同的时候，还没听完他人要表达的意思，或者只是表面听了就着急回应，而不是去理解他人的真实意图。

比如，"我并不太认可你说的意思""你可能不太了解我们的业务逻辑，我们实际上都已经想过这些了""刚才我的汇报中已经说过了，我再说一遍""是这样的，你先听我说"……这类现象的背后隐藏了一个事实，就是说话者觉得自己比别人知道得多，想要对方让步，努力证明自己是正确的。

第三，对事就是对人。

复盘会上，面对不同意见或者被挑战时，人们的第一反应经常不是思考对方的提问或者质疑是否合理，对方为何会问这样的问题，而是常把对方的意思解读为"你反对我的观点，就是反对我这个人"。回过头看，往往双方当时都没有认真倾听彼此的建议，只是下意识地感到被冒犯，习惯性防卫就这样悄然产生了。

第四，说三分留七分，点到即止。

这类表现主要体现为：在复盘会上看到对方的问题却不说出来，或者只是轻描淡写点到即止，花花轿子人抬人，相互客气留足脸面。

在缺乏安全和信任的环境里，习惯性防卫造成团队的真实问题被掩盖，复盘不敢触及深层问题，以至于最终让复盘流于形式。

2.1.2　熟练的无能——不敢担责任

熟练的无能，是指在组织中，大家经常在无意识的情况下，"自然而然"地逃避属于自己的责任，变得如同无能一般。"熟练的无能"是组织学习之父克里斯·阿吉里斯（Chris Argyris）提出的，属于组织防卫的一种，因为其对复盘的重大影响，笔者把它单独列出来。该如何理解这一概念呢？举个例子。

案例 2-1　绩效差是因为俄罗斯矿山爆炸？

在一次企业季度业绩复盘会上，销售部门经理A说："最近的销售做得不太好，我们有一定的责任，但是主要责任不在我们。因为竞争对手纷纷推出新产品，比我们的产品好，所以我们很不好做，研发部门要认真总结。"

研发部门经理B说："我们最近推出的新产品是少，但是我们也有困难呀。我们的预算太少了，就是少得可怜的预算也被财务部门削减了。没钱怎么开发新产品呢？"

财务部门经理C说："我是削减了你们的预算，但是你知道，成本一直在上升，公司当然没有多少钱投在研发上了。"

采购部门经理D说："我们的采购成本是上升了10%，但你们知道为什么吗？俄罗斯一座生产铬的矿山爆炸了，这导致不锈钢的价格大幅上升。"

这时，A、B、C三位经理一起说："哦，原来如此，这样说来，我们大家都没有多少责任了，哈哈哈——"

人力资源经理F说："这样说来，我只能去考核俄罗斯的矿山了。"

案例中的经理们就呈现出了一种典型的熟练的无能，他们都找到了在他们看来合理的理由，把责任推了出去。至于目标最终有没有达成，则和自己无关。

在复盘过程中，熟练的无能具体表现为以下四种形式。

第一，业绩上无能，却可以熟练地推脱责任。

一些身居要职的管理者，面对惨不忍睹的业绩，极力回避从自身找原因，总能用"公司支持不够""下属素质太差"等冠冕堂皇的理由为自己开脱，甚至把自己装扮成一副十分委屈的样子。

第二，认知上无能，却可以熟练地加以包装。

这种形式往往以"保持中庸之道，不明确表态"的姿态，用"这是公司的决定""这是工作的需要"等官腔回避实质问题，或鼓动别人发言，或反问别人而回避自己表态，缺乏交流的诚意和激情。

第三，专业上无能，却可以熟练地把自己装扮成专家。

他们表面上说起来头头是道，实际上仅知皮毛，永远提不出真正属于自己的观点，提不出有价值的质疑，却要在复盘中维持其专家形象，不断地捍卫自己的观点。

第四，熟练地制造事端，以掩饰自己的无能。

在他们看来，公司的声誉和利益都不如他们自己的面子和私利重要。比如，他们对于下属的"不忠"行为时刻保持高度的警惕。当下属稍有他们认为的"出墙"表现时，轻则给"小鞋"穿，重则"杀无赦"。他们害怕公司局面太平静，因为这样一来，人们往往会集中关注他们"到底行不行"这一令他们心惊胆寒的主题，于是他们又会制造事端，扰乱平静的局面，以分散大家的注意力。这种行为表现在复盘之外，却处处影响着复盘。

熟练的无能体现在公司的行为中，隐藏在组织的文化中。如果没有有效的引导，复盘就很难发挥作用。

只有在复盘教练的引导下，让意见分歧的各方坐在一起进行彻底的会谈，要让他们亲眼目睹、亲身感受问题解决的真实的全部过程，许多误解才能被化解，许多熟练的无能行为才能被反思。

2.1.3 习得性无助——不敢越雷池

"习得性无助"是心理学家塞利格曼（Seligman）提出的，是个体将负性事件[①]的起因归于**内在的、稳定的**与**全面性的因素**时所带来的悲观状态。

归因于"内在的因素"，表现为出现问题时在潜意识中告诉自己"这都是我的问题"。比如，在工作和生活中遭遇挫折时某些人的自我否定。

归因于"稳定的因素"，表现为个体认为"不管我怎么努力，事情都不可以改变了"。比如，"我们又不是技术人员，这种专业问题不可能懂……"……

归因于"全面性的因素"，则表现为负面解读"除了这件事，其他所有的事情也会是这样的结果"。比如，"这样的想法很好，但是我们这个体制……"……

团队复盘时，习得性无助造成了团队不敢越雷池半步。纵使原地踏步可能是"等死"，也下意识认为迈出一步就是"找死"，最终陷入悲观的状态，进入死循环。

习惯性防卫让团队不敢讲真话，熟练的无能让团队不敢担责任，习得性无助让团队不敢越雷池半步。如果没有复盘教练的有效引导，如果不破除这三大障碍，复盘就只会沦为一场无效的口水会，有形无神，无法让人们"吃一堑长一智"，更无法直击他们的心灵，转变他们的心智，改变他们的行为。

---

① 负性事件，指个体感觉不愉快的事件。

2.2 复盘教练：赋能团队，破除障碍

正如"鸡蛋从外打破是食物，从内打破是生命"，复盘三大障碍的打破，也必须要靠团队自己。正如小鸡啄破蛋壳需要活泼泼的生命力，团队要化茧成蝶同样需要能量。所以，复盘教练引导团队复盘的过程，也是不断地为团队赋能的过程。

什么是复盘教练？复盘教练是教练的一类，通过在复盘中创建信任场域，应用有效的复盘流程、洞见性提问为客户赋能，引导客户进行深度思考，激励客户从过去的经验中学习，以提升个人和团队效能。

传统教练是一对一，复盘教练通常是一对多；传统教练关注的是未来，复盘教练以未来为导向，引导大家反思的是过去经历的事。除此之外，因为复盘会受到三大障碍的阻碍，所以复盘教练更重视复盘过程中的赋能。从场域、流程和提问三个方面为复盘对象赋能，可以打破三大障碍，带来个人及团队的学习提升。

2.2.1 场域赋能：营造氛围，打破防卫

复盘对于团队而言是一场挑战，挑战必以信任为基础才有效。大量企业自己组织的复盘之所以失效，很重要的一点就是没有认识到安全的环境对于复盘的重要性。图 2-1 从挑战和信任两个维度构建了一个矩阵。很显然，在复盘开始之前，大家并不清楚接下来要经历什么，也不清楚复盘组织者的意图，处在防卫（A 区）中。如果不进行场域建设，不增加信任度营造安全的氛围，而是迅速进入复盘的挑战状态，团队就由防卫转入焦虑（B 区，高度防卫），复盘的无效也就

成了必然。

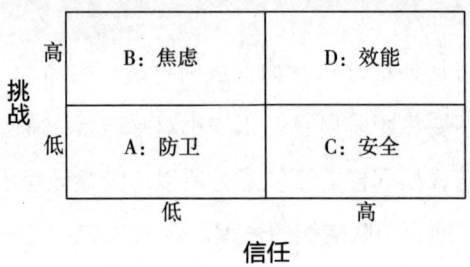

图 2-1　挑战和信任矩阵

正如行动学习之父雷格·瑞文斯（Reg Revans）所言，温暖必先于光明。在团队进入挑战之前，复盘教练首先应该通过激发信任，让大家放下防卫，进入安全场域（C 区）。随后再接受复盘的挑战，团队就进入效能场域（D 区）了。

如何引导团队从防卫进入并维持安全场域呢？可以通过 STEPS准则来实现（如图 2-2 所示）。

图 2-2　STEPS 准则

STEPS 是五个英文单词的首字母缩写，是复盘教练通过场域为团队赋能，引导团队放下防卫，增强信任度，进入安全场域的五项准则。

space（S）：氛围轻松的空间

选择氛围轻松、不受干扰、装饰色彩丰富的会议室，可以让复盘团队感到放松，进而更愿意投入复盘工作坊中。

time（T）：张弛适当的议程

复盘教练要在有限的时间内带领团队提出想法，产出结果，就需要提前设置合理的议程，并在探讨时灵活把控研讨节奏。

eventfulness（E）：丰富多彩的活动

成年人面临的最大的挑战之一就是注意力的长期保持。对于高度烧脑的复盘来说，更需要复盘教练有意识地在研讨时加入感性元素，比如幽默的表达、提升能量的游戏、适时的庆祝等活动，来调动大家的情绪。

product（P）：可见可感的成果

有效的复盘研讨会关注理性成果，如复盘内容、复盘结论，更关注感性成果，如学员在思维上的顿悟、情感上的链接、信心上的激发、合作中的协同、能力上的成长。那些感性成果都是肉眼可见的，其对复盘团队的影响甚至比理性成果更重要。

style（S）：亲和可信的风格

复盘教练的风格可以多种多样，沉稳博学适合高管团队，机敏活泼适合年轻团队，无论风格如何，其共同点都是亲和可信。这就要求复盘教练在过程中保持中立的状态，营造出彼此尊重的氛围，关注每一位参与者。

复盘教练通过场域赋能，营造出信任的氛围，帮助复盘团队打破防卫，进入了安全场域，这为团队即将接受的复盘挑战做好了准备。

2.2.2　流程赋能：引导觉察，打破无能

熟练的无能源自不敢担责，不敢担责源自害怕被问责，所以复盘首先要消除大家怕被问责的顾虑。复盘教练要借助复盘流程的力量，引导大家对自我认知的盲点有所觉察，将团队的关注点聚焦到组织整体效能的提升上。

四种核心复盘方法论的每一个流程都针对了人的一个核心盲点（如表2-1所示），复盘教练在维护安全的场域的基础上，打破复盘团队的习惯性防卫之后，依照流程有效地引导，自然能够让复盘团队产生自我觉察，从而发现自我的认知盲点，转变思维范式。

表 2-1　四种核心复盘方法论的技术流程一览表

复盘方法论	复盘流程（结构化研讨）	自我觉察（发现盲点）	思维范式转变（从旧范式到新范式）
项目复盘	项目复盘画布	揽功诿责	从流水账式总结到遵循方法深入反思
行为反馈复盘	鱼缸会议	害怕冲突 / 自我辩护	从自娱自乐式反馈到走出舒适区
心智反思复盘	U 型反思法（心智反思复盘画布）	无效重复	从一年经验重复 N 年到提问出顿悟
文化复盘	未来探索	挂在墙上 / 印在纸上	从缘木求鱼到溯源到基因

在安全的场域之下，复盘教练遵循复盘流程的引导，为团队赋能，让团队主动觉察到认知的盲点，从而引发自发的思维范式转变，

打破熟练的无能。

2.2.3　提问赋能：激发能量，打破无助

提问赋能，是指在团队复盘时复盘教练通过洞见性提问，启发学员的反思，促成个人及团队的思维范式转变，进而带来团队智慧的迭代升级。复盘教练并不是内容专家，也不同于咨询师和培训师，并不直接给团队答案，但一定要善于问出有力量的问题，启发团队成员思考，帮助团队打破习得性无助。

著名教练模型 GROW[①] 的提出者之一艾伦·范恩（Alan Fine）在其《潜力量》一书中提出：表现（performance）＝能力（capacity）－干扰（interference）。复盘教练通过提问激发潜能、减少干扰、赋能团队成员，使其发现原来自己本可以有巨大的能量，让其面对自己头脑中的对手，减少内心的干扰，更专注于目标的达成。

在复盘教练的实操练习中，很多学员都反馈最难的就是提问，因为好问题启发好答案。把"提问"作为一门学问，潜心研究，提出好问题是复盘教练的基本功。复盘教练通过提问，让团队成员发现"原来自己是可以的""原来事情并没有想象中那么难""原来自己的脑补干扰了自己的行动力"，破除了习得性无助，就开启了更多可能性与发展性。

案例 2-2　打破习得性无助，业绩 12 倍增长

广州某银行是国内某知名商业银行的分行。该知名商业银

---

① GROW，即 G 代表 goal，意为聚焦目标；R 代表 reality，意为了解现状；O 代表 options，意为探索行动方案；W 代表 will，意为强化意愿。

行总部立足广州，业务辐射广东全省，坐拥珠三角优质客户资源。无论是对公业务，还是零售业务，该银行一直都在总行各分行中领先。遗憾的是，其票据融资业务一直排名垫底。为此，同行戏称其为"著名的不做票据融资业务的银行"。

为了摘掉这顶帽子，2018 年 7 月，该银行以"提升票据融资额"为课题，以江门、惠州、佛山、中山四家二级分行为项目小组，启动了为期半年的行动学习项目。项目复盘正是支撑起整个项目最核心的方法论。

该银行在 2018 年初票据融资额仅有 12.4 亿元（案例中涉及的金额均为人民币），8 月 1 日项目启动会时融资额也仅有 37.8 亿元。此后，在项目复盘的推进下，该银行的票据融资额迅速提升，9 月 4 日第一次项目复盘，票据融资额达到 74 亿元；10 月 25 日第二次项目复盘，票据融资额达到 122.9 亿元；12 月 14 日第三次项目复盘，票据融资额达到 151.8 亿元；2019 年 1 月总复盘，票据融资额达到 168 亿元。

6 个月时间，经过持续不断的复盘，票据融资额从年初的 12.4 亿元提升到 168 亿元，提升了 12.5 倍之多，直接创造净利润 4000 多万元。

最终成果远超预期，项目发起人林副行长兴奋地说："这是一个包赚不赔的项目，让我们从一家'著名的不做票据融资业务的银行'，变成了一家'著名的做票据融资业务的银行'。"

业绩得以提升 12.5 倍之多，最直接的原因就是 8 月 1 日项目启动会上，复盘教练针对目标制定假设的洞见式提问，打破了项目伙伴的习得性无助，制定了具有挑战性的目标。

问：设定这样的目标是基于什么假设？

答：是基于过去的数据设定的目标。

问：目标具有挑战性吗？

答：很有挑战性，相比过去已经是很大的突破了。

问：设定目标是应该参照市场份额，还是参照历史？

答：是应该参照市场份额，但是我们很难突破太多。

问：过去的目标设定有没有和团队达成共识？

答：没有。

问：过去的目标有没有向下分解？

答：没有。

问：假如这次的目标进行了向下分解，也和团队达成了共识，会不会有更大的突破？

答：有可能……

经过一系列的洞见性提问，四个项目小组都认同了定目标"取法于上，仅得为中；取法于中，故为其下"的道理，在项目发起人设定的 120 亿元挑战性目标的基础上，又提升了 50%，总目标达到了 180 亿元。

总复盘时，项目团队感慨地说，假如当初只是照着 120 亿元的目标冲锋，根本不可能实现 168 亿元的融资额。

更多关于复盘教练的提问技术，在第 3、4、5、6 章中都有大量的举例，这里就不再赘述。

复盘教练通过场域赋能，营造了现场安全信任的氛围，打破了习惯性防卫；通过流程赋能，让复盘对象觉察到自己的盲点，打破了熟练的无能；通过提问赋能，激发了其自有能量，打破了习得性无助。正如禅宗六祖慧能所言，何期自性，本自具足。要相信每个人都有无限的潜能，复盘教练要做的就是通过赋能消除三大障碍，唤醒其内在潜能。因此，一位优秀的复盘教练一定是一位赋能专家。

了解复盘过程中的痛点及打破防卫，可扫描下方微信二维码观看复盘微课及案例。

复盘的痛点及打破防卫案例

本章复盘：智慧火花，精彩再现

回顾：本章让我印象最深的三点

_____

_____

_____

反思：此时此刻，我的感受和启发

_____

_____

_____

重构：我将做出改变的一点

_____

_____

_____

老石寄语

别迷信什么"10000 小时定律"。

不复盘的无效重复，

不会把你从"新手"变成"高手"，

只会把你从"新人"变成"老人"。

第 3 章

项目复盘，方法来引导

管理是盯出来的。

——张瑞敏

要进行项目复盘，首先要明确什么是项目。美国项目管理协会（PMI）给出的定义是：项目是为创造独特的产品、服务或成果而进行的体系化工作。工作和生活中的事可分为两类：一类是应对性的，随机发生，临时应对；一类是主动性的，有目标，有计划。按照项目的定义，后者皆为项目。由此可见，只要你想有所作为，实施主动管理，你的工作和生活就是由一个又一个的项目组成的。对这些项目进行复盘，就是项目复盘。正可谓"项目何止千千万万，人生何处不复盘"。

虽然人生处处是项目，但为什么要学习项目复盘呢？我们反思一个问题：**你的项目总结是流水账式的，还是遵循方法深入反思式的呢？**

大多数人不愿意承认自己的项目总结是流水账，坚称自己是有方法的，那该方法又是什么呢？以笔者的经验来看，方法不外乎是，目标没有不实现的，方案没有不合理的，支持没有不大力的，任务没有不落实的，问题没有不解决的，亮点没有不突出的，成效没有不显著的……八股文章，自欺欺人。有多少经验可以萃取，有多少教训需要反思，亮点如何复制，不足如何避免，没有人关心。

组织最大的浪费就是经验浪费，人的缺点是"好了伤疤忘了疼"。如果项目总结没有有效的方法引导，取得的成绩就难以复制，掉过的"坑"就还会再掉。

项目复盘则不同，它紧扣目标和结果回顾，评估策略的有效性，深度反思过程中的亮点和不足，顿悟可复制的规律，可以真正实现"吃一堑长一智""打一仗进一步"。

本章将从项目复盘无效的"四个坑"入手，引出项目复盘成功的四个关键，进而结合项目复盘画布给出项目复盘成功的有效方法，把项目的成功变为能力，把遭遇的失败变为财富，让组织"从战争中学习战争"。

3.1 项目复盘无效的"四个坑"

提到项目复盘，不少管理者颇不以为意，原因是他们也在做复盘。确实，随着复盘的兴起，不少企业都在尝试着做项目复盘，它们做得如何呢？

本书作者之一的陈晓燕，在调研了多家企业的项目复盘后，用一首打油诗总结了大多数企业所谓项目复盘的现状：

项目复盘千千万，同样错误经常犯；

过程分析忙推断，争起结论直冒汗；

偶尔结果还算赞，什么原因难判断；

如此复盘算不算，到头全部都白干。

如果你是企业管理者、项目经理或者项目组成员，看完这首打油诗有什么感受？有没有感到很刺心？

不少组织认识到复盘的价值，搜索了不少复盘的方法，尝试着把项目总结改为项目复盘，在项目的前、中、后期耗费了不少时间做复盘、写报告，然而结果总是不尽如人意。复盘的结论受到管理者和团队的质疑，总结出的项目经验不被重视，被束之高阁，没有应用。久而久之，有的项目成员就认为复盘没有价值，对复盘敷衍了事，复盘过程也流于形式，最终组织者"为坚持而坚持"，参与者"为复盘而复盘"，陷入了无效循环，掉入了无效复盘的"坑"。

笔者和伙伴们总结了大量企业的无效复盘，结果发现，导致复盘无效的主要有"四个坑"，分别是："时效坑""结构坑""干预坑"和"应用坑"。

3.1.1 "时效坑"：复盘误时机，亡羊补牢已晚矣

正如拳王泰森所言，每个人心里预先都有一个计划，直到被一拳打在脸上。因为计划赶不上变化，我们只能在行动中纠偏，在纠偏中迭代。复盘就是快速纠偏，复盘就是快速迭代。快速，正是复盘的第一个基本要求——及时复盘。

笔者经常遇到复盘误时机的情况。比如，有的项目几个月才复盘一次，或是出现重大事故才复盘，或是项目做完几个月甚至几年了才想起复盘。每当遇到这种情况，笔者就会提出以下几个问题，并促动对方反思。

为何时隔这么久才复盘？

复盘这个时隔已久的项目，对现在及未来的工作有什么价值？

这个项目的复盘结论将如何应用？

如何能还原和追溯到项目当时的目标、过程及结果数据？

如果重新来一次，这个项目多长时间做一次复盘？项目的最佳复盘时机是什么时候？

以上几个问题澄清了三件事：一是明确该项目复盘的必要性和价

值，二是确认是否有数据支持复盘，三是引导项目团队反思复盘时机。答案不同，复盘要采取的对策也不同。

如果答案是有必要、有数据，虽不及时，但仍然可以复盘；如果答案是有必要、无数据，此项目复盘可能会存在风险，复盘过程将被追溯数据拖慢，同时可能会出现"编数据，编故事"导致的复盘结论失真；如果答案是无必要、无数据，那就不需要复盘了。

由此可见，错过复盘时机，复盘效果必然大打折扣，即便亡羊补牢，但时过境迁，悔之已晚。

3.1.2　"结构坑"：思考无工具，泛泛而谈走形式

项目复盘与传统的项目总结最大的区别是什么？是结构。项目复盘有清晰明确的结构，让思考有逻辑，结论有依据；传统的项目总结则是顺其自然，是否有效全凭总结者自身悟性。

未经项目复盘专业训练的复盘组织者，不理解项目复盘的底层原理，套用或自创的复盘结构往往经不起推敲，其逻辑、依据、结论就会受到质疑。这种有问题的复盘结构，常见的有三种。

其一，三段式复盘。

三段式复盘是先罗列工作内容，再总结工作中的亮点、不足，最后说明下一步的计划。

这种结构之下的亮点和不足，大多是出于人的趋利避害心理，自带"美颜滤镜"，避重就轻，报喜不报忧，缺乏逻辑支撑，由此得出的结论容易受人质疑。

其二，直指问题式复盘。

直指问题式复盘是复盘直接指出问题，提出解决方案，然后影响说服他人。

这种结构省略了分析过程，直接给出了判断与结论。

如果复盘教练是业务专家或资深人士，其得出的判断和结论的权威程度取决于其职位与资历。如此复盘，或是导致项目团队过度相信和依赖专家及权威，缺乏自主思考；或是导致项目团队在强势之下，不得不接受复盘结论，形成伪共识。

如果复盘教练是普通员工，其得出的判断和结论的权威程度取决于其口才、人缘与佐证。如此复盘，将导致项目团队纷纷忙于证明自己是对的，听不见其他成员的意见和声音。

其三，问题分析与解决式复盘。

问题分析与解决式复盘会让复盘过程深陷对过去的问题和成因的追查中，重点在于分析问题及解决过去的问题，往往会成为问题导向，而非目标导向，在行动层面缺乏突破和创新方面的反思。

以上三种经不起推敲的复盘结构，被广泛地应用于大量组织的项目复盘中，出现了"推理拍脑袋，结论无共识，行动成浮云"的情况，让项目复盘变成泛泛而谈，造成大量无效复盘的重复出现。因此，项目复盘需要掌握有效的复盘结构，使汇谈有逻辑、过程有反思、结论有依据、团队有共识、组织有成长。

3.1.3 "干预坑"：过程不干预，学习成长靠悟性

什么是复盘过程干预？复盘过程干预是指复盘教练为了使复盘结论更好、过程更快、结论更有质量，采取的一系列营造开放坦诚的氛围、引发团队反思、改善心智模式的引导手段。

要想"吃一堑长一智"，复盘过程就需要"揭伤疤"。如果没有复盘教练的有效过程干预，就必然会遭遇习惯性防卫、熟练的无能和习得性无助三大障碍。而大量企业项目复盘中未经专业训练的复盘组织者，普遍存在着不干预、干预不得法或干预过度的情况，让复盘结果南辕北辙。常见的复盘"干预坑"有四个，下面我们逐一剖析。

第一，不加干预，顺其自然。

复盘组织者表现得很佛系，复盘过程充斥着歌颂管理者领导有方，展示项目欣欣向荣的景象，秀 PPT，拼口才，复盘深度靠自觉，复盘结果凭演技，导致复盘变了味。这样的复盘就成了一场自我标榜（我有成绩和亮点）及实力"甩锅"（问题在他不在我）的说服性演讲。

第二，不得其法，东施效颦。

复盘组织者搜索了大量复盘资料，精心编制了复盘 PPT 模板，每一页讲什么内容、放什么数据都有明确的要求。煞费苦心打造的模板最终把复盘变成了机械的"填空题"，不仅没有实现复盘的预期效果，还束缚了大家的思维。照猫画虎不得其法，复盘最终变成了东施效颦。

第三，强势干预，用力过猛。

强势的管理者担任复盘主持人，主基调是管理者指出问题与不足，预设问题原因，全程主导，掌控复盘，氛围极度紧张，场域毫无赋能，最终导致参与者充满防卫意识，复盘结果只是伪共识，项目成员的心智模式无法得到提升。

第四，点评反馈不得法，复盘会变成批判会。

复盘结果汇报时，由管理者担任导师、专家，对员工的复盘成果及结论进行点评和反馈，也是帮助员工发现盲点、反馈沟通的一种方式。虽然如此，但把握不好就容易出现评判、批评、指责等情况，使复盘沦为一场批判会，氛围压抑，人人自危，充满防卫意识，以至于最终员工抵触复盘，不愿意面对复盘。

以上种种，都是复盘组织者不重视干预、缺乏干预经验或不知道如何干预造成的。项目复盘过程中专业而有效的干预很重要，是启发团队思考、促动有效复盘、改善心智模式的基础。复盘教练的有效干预，能够营造出开放坦诚的复盘氛围，建立起团队的反思肌和脑回路，确保产出有质量的复盘结论，支持项目的运行及管理，实现人员和团队的学习成长。

3.1.4 "应用坑"：结论不应用，不了了之俱忘矣

项目复盘之后，下一步要做些什么？大量组织选择的是如下两项：其一，把复盘报告发给领导；其二，依照规定制订下一步或下一个项目的行动计划。

选项一是为了应对领导要求的报告而复盘。如果领导不及时关注和回复，复盘结论就会从此沉睡硬盘，被束之高阁。长此以往，参与者感到复盘不被重视，开始敷衍了事。

选项二是复盘结束后，复盘结论没有被应用到下一步的行动计划或新项目中，导致复盘和计划"两张皮"，成功经验没有被复制，曾犯过的错误照旧会犯。

如此选择，就掉入了项目复盘的"应用坑"——结论不应用，不了了之俱忘矣。

广泛存在的项目复盘的"四个坑"，让大量项目的复盘变得无效，浪费了组织的资源和热情，使形式主义蔓延，教坏了员工，破坏了文化。如何才能成功"避坑"？我们需要把握项目复盘成功的四个关键。

3.2　项目复盘成功的四个关键

"掉坑"不可怕，可怕的是重复"掉坑"。项目复盘也是如此，掌握四个关键，才能为项目复盘奠定成功的基石。

针对"时效坑"，解决办法就是及时复盘。及时复盘才能亡羊补牢，马上止损；及时复盘才能复制经验，放大成功。

针对"结构坑"，解决办法就是引入专业的复盘流程。本章要重点讲解的"项目复盘画布"就是 AACTP 经多年实践验证开发的项目复盘工具，可以帮助大家有结构、有流程地实现结构化复盘。

针对"干预坑"，解决办法就是掌握专业的复盘教练技术。应用专业的复盘教练技术，营造开放的氛围，促动复盘过程，引导学习反思。

针对"应用坑"，解决办法就是对复盘结论及时验证及应用。复盘强调复盘结论在下一阶段或下个项目当中的验证及应用，并迭代优化项目的机制、流程、工具及方法，让项目更高效。

下面将一一介绍项目复盘成功的四个关键。

3.2.1　及时复盘：看靶子，照镜子，调步子

及时复盘就是按项目的周期，结合项目里程碑定期复盘。每一次复盘都是一次"看靶子，照镜子，调步子"的过程管理。

很多项目容易出现做着做着不对了（背离初心及目标），做着做着不会了（被问题阻碍），做着做着掉队了（跟不上项目节奏，管理不好工作重心）。这时就需要：看靶子，不断提醒团队目标及成果是什么，以此来管理团队应投入的时间、精力和注意力；照镜子，对照目标发现问题和差距；调步子，找到解决问题达成各阶段目标的行动计划并付诸行动。

及时复盘概括起来包含三个原则。

第一，小事马上复盘。

"小事"指短平快的小项目，如一次促销、一场活动等，或者重大项目中的关键事件或突发事件。小项目或关键事件要在刚结束时，趁着大家印象深刻、感受强烈马上复盘，不要等事过境迁，团队已不在状态，相关事实已忘了大半时再复盘，那样会让复盘效果大打

折扣。

第二，大事分阶段复盘。

"大事"指领导关注、重要且周期长的重大项目。分阶段复盘一般分两种：第一种是按项目流程的重要里程碑复盘；第二种是按特定时间周期划分，如周、月、季度复盘。需要注意的是，按第一种项目流程复盘时，如果里程碑间隔时间超过一个月，就至少一个月复盘一次，这样才能有效地做好"看靶子，照镜子，调步子"的项目过程管理。

第三，事后全面复盘。

在整个项目结项后一周内，组织需要在分阶段复盘的基础上对项目进行全面系统的总复盘，迅速总结出该项目实施及管理的经验和规律，以便更好地应用于下一个项目。

道理很好理解，但为什么我们在现实中总会遇到项目复盘不及时的情况？人之初，性本"懒"。大多数人习惯于被动应对紧急的事，却懒于主动做重要但不紧急的事。所以，要实现及时复盘，关键在于领导的重视和推进，千万不要高估了人的自觉性。正如张瑞敏所言，管理是盯出来的。

3.2.2 画布引导：遵循流程，深入反思

处理繁杂问题，认知新事物的关键点就是化繁为简，做到聚焦、简化、复制。项目复盘画布（如图3-1所示）的设计就遵循了这一原

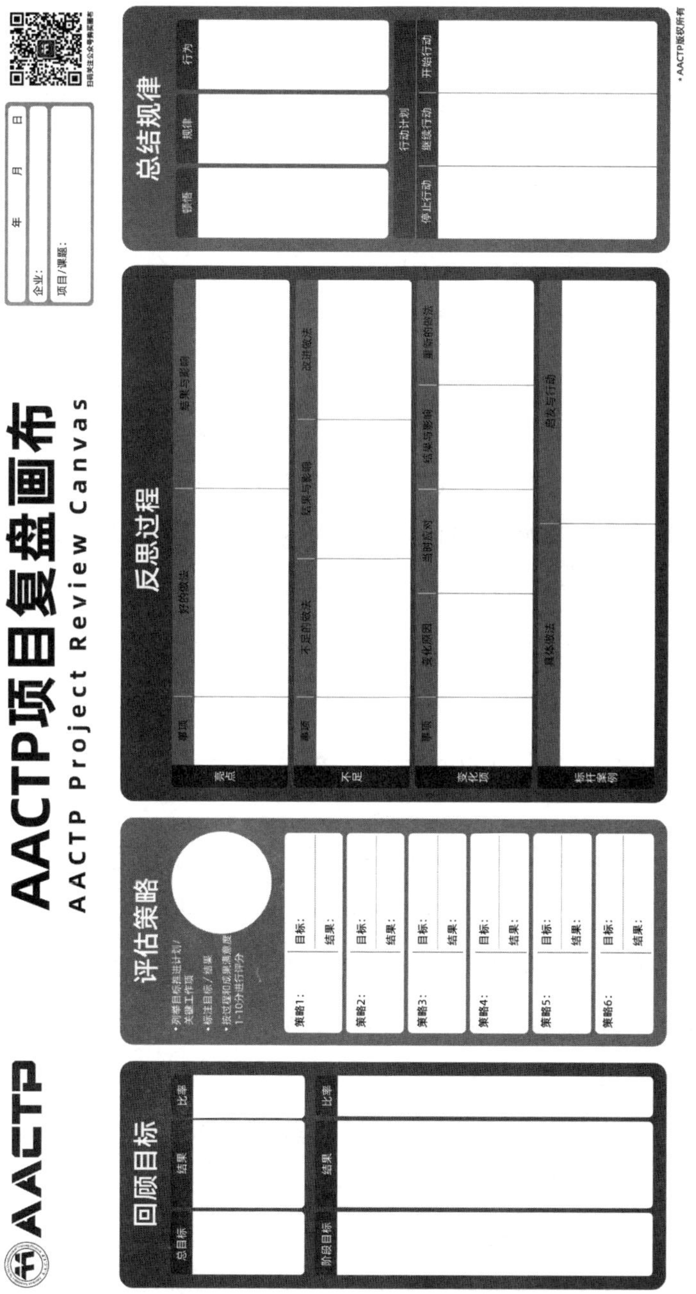

图 3-1 AACTP 项目复盘画布

则。整张画布系统且简单，完整且简洁，专业且直白。在一张画布上展示出复盘的整体流程，整合复盘的思考要素，结合教练引导，呈现出复盘成果，并使其相互关联，相互验证，形成了一张完整且强大的复盘逻辑图。

项目复盘画布是项目复盘的核心工具。凭借该画布，复盘教练可以轻松复盘，管理复盘对象的注意力，进行系统、全面又聚焦的思考，按画布流程分享项目数据、信息、观点，共识决策，得出高质量的复盘结论。

项目复盘分为五步，分别是回顾目标、评估策略、反思过程、总结规律和开展复盘汇报会，其中前四步从左到右分别对应画布的四个区域。复盘要按步骤顺序推进，让复盘对象理解复盘全局，建立系统观念。如果时间充裕，也可以考虑通过带大家做一些游戏活动，然后对游戏进行复盘，以便让大家对复盘画布及流程有一个整体认知。

3.2.3　教练促动：打破防卫，激活能量

提到复盘，大家的第一印象往往是紧张、严肃且沉闷。如果项目目标没达成，就更会担心，生怕被问责批评，心生抵触和防卫。所以，复盘需要复盘教练的促动，打破组织防卫，激活团队能量。

复盘教练首先要奠定学习的基调。要让大家理解，无论项目结果好坏，都已是过去式，而复盘是基于"接纳过去，直面当下，探索未来"的学习成长方式，鼓励个人及团队向经历学习，向自己学习，向团队学习，向反思学习，向探索学习。

复盘教练要营造轻松、开放的氛围。可以让团队成员在画布前围坐成一个半圆，以便大家能彼此看见。复盘开始前，让每位复盘参

与者介绍自己在项目中的角色，并让其他成员做补充，让所有人感谢他在项目中的付出和贡献，奠定彼此感谢和包容的基调。在整个项目的复盘过程中，让复盘对象坐着思考表达，复盘教练扮演支持者的角色，站着书写记录。当感觉复盘对象能量下降了，复盘教练要适时停下来，通过休息调整，或带领团队一起做游戏提升能量。

复盘时教练提出的问题可能是直接的、刺心的、充满挑战性的，但语音、语调应是平和的、谦逊的，态度是中立的，对团队和问题是充满好奇的。复盘对象可能会因为对工具的理解、应用不到位而屡屡犯错，复盘教练则应该是包容的、充满耐心的。复盘对象在开始阶段可能是防卫的、警惕的，复盘教练应该是理解的、能够共情的。总之，复盘教练的状态、语音、语调是氛围的重要组成部分，需要不断地调整，需要不断地修炼自己，才能影响感染他人。

复盘成果汇报阶段，复盘教练既要向由高管组成的评委组示范互动方式，又要关注复盘小组的状态；既要引导评委组进行挑战式提问，又要维持场域的安全信任；既要让复盘小组有所顿悟，又要引导其建立行动承诺。

总之，项目复盘过程是具有高度挑战性的。如果没有信任、安全的场域，就很难有开放、坦诚的表达，更难有实事求是、深入的自我反思。所以，专业的复盘教练的促动支持，是项目复盘成功的重要保障。

3.2.4　落实行动：行动验证，沉淀方法

复盘不仅要注重过程、结论，更要注重复盘后结论的验证及应用。如何确保复盘结论的应用呢？其一，复盘之后，一定要开展复盘汇报，共享结论，听取反馈，先共享再共识，让复盘结论支持业务及

管理决策；其二，围绕复盘结论开展行动及验证，将有效的结论沉淀为方法，应用于工作流程的优化及迭代。

复盘的过程就是在复杂的商业及项目活动中，对项目方法论不断地进行行动验证、总结、固化、优化、创新、迭代的循环过程。因此，项目复盘不是结束，而是下一个新的 PDCA[①] 循环的开始。在复盘教练的引导下，复盘成果融入了新的行动，在实践中得到了验证，最终成为组织智慧的重要组成部分。

把握好项目复盘成功的四个关键，就可以有效地破解导致复盘无效的"四个坑"，让组织及个人在项目实践中能够"吃一堑长一智""打一仗进一步"。

3.3 "四定"：复盘前的准备

凡事预则立，不预则废，复盘的准备非常重要。没有准备的复盘，复盘过程中要花费大量的时间沟通确认，甚至会因为前期准备不充分，比如缺乏信息和数据，导致复盘中断，进行不下去，还会出现临时更换复盘主题等耗费双方时间精力的现象。进行充足准备，做好复盘前的"四定"是成功复盘的基础。

---

① PDCA，即第 7 章提到的"理性 PDCA"，又名戴明环。具体来说，P 代表 plan，意为计划；D 代表 do，意为执行；C 代表 check，意为检查；A 代表 act，意为处理。

3.3.1 定主题：不值得不复盘

项目复盘需要参与者全身心投入，主题必须有价值，不值得的主题不复盘。选定合适的复盘主题是复盘成功的重要基础。要想选定合适的复盘主题，需要做好以下几个步骤的工作。

第一步，选择主题。

项目规模有大小之别，项目周期有长短之分，究竟复盘哪个阶段，复盘哪个环节，复盘哪项任务，需要提前与团队凝聚共识。表3-1列举的就是一些常见的项目复盘的应用场景。

表 3-1　项目复盘的应用场景

工作项目	战略类：战略复盘、重要战略主题、年度关键任务等 组织发展及变革类：新商业模式转型、新产品开发、新技术的开发应用等 业绩提升类：营销项目、加快工期、提升销量、提升产能等 降本增效类：缩短工期、改进工艺、降低成本、盘活现金流等 管理改善类：质量改善、员工留存、员工激励、干部培养、制度建立等 年度 KPI（关键绩效指标）类：年度、半年度、季度、月度工作等
生活项目	筹备婚礼、旅行、装修、养育孩子等

通过表3-1，我们可以看出，一个项目一定具有以下四个特点：目标明确有价值，时间节点有要求，责权担当有专人，项目成本有预算。当然，无论是工作项目，还是生活项目，其复盘原理都是一致的。接下来，笔者就以工作中的复盘场景为例阐述如何选复盘主题。

选择项目复盘的主题需遵循以下五个原则：

重要原则：是与企业战略强相关或是部门的核心工作；

关注原则：是管理者、员工共同关注的项目；

及时原则：是项目周期明确，为 1～3 个月内发生的项目；

复制原则：复盘的经验、结论、规律可以复制到下一个阶段或下一个项目当中；

数据支撑原则：具备项目目标、过程及结果数据。

如果不遵循上述原则，项目复盘就可能"掉坑"。下面大家一起来看一个案例，了解一下背离原则选题带来的复盘风险。

某地产公司团队在汇报关于"工地开放日业主发现23号楼背景墙交标缺失"的复盘时，被领导直接打断。领导表示："这种小事情之前很少出现，相信以后发生的可能性也很小，我更希望听到大家关于本期楼盘交楼的复盘汇报……"

这个案例中的选题违背了哪些原则呢？

首先，违背了重要原则。背景墙交标缺失事情太小，只是交楼项目中微不足道的一项工作，不是项目重要且关键的工作。

其次，违背了关注原则。只有员工关注，领导不关注，选题后未确认就复盘，最后领导不认可，团队费力不讨好。

最后，违背了复制原则。背景墙交标缺失属偶发事件，不具备普遍性，即便分析出问题，提出解决方案，也没有推广复制的价值。

违背选题应遵循的原则，复盘就是浪费时间。因此，选题时需要对照原则一一确认，做到不值得不复盘，选定后还需要与项目成员达成共识，再展开复盘。

第二步，描述主题。

选定主题确定的是项目复盘的方向，描述主题则是清晰界定了复盘主题的边界，让团队知道要复盘什么，要做什么准备，在过程中将围绕什么进行复盘。

笔者在描述主题时采用的是3T法，即团队（team）在什么时间

（time）完成什么目标（target）。运用 3T 法描述主题，能确保主题完整明确没有歧义。以下是用 3T 法描述的项目主题。

信息部在 2020 年 9 月到 11 月将进入系统的数据的精确度提高了 30%。

软件开发部在 2020 年 3 月到 9 月将产品的开发周期缩短到原来的一半。

客服中心从 2020 年 5 月到 9 月将客户的投诉率从 18% 降低到 2%。

维修部在不降低客户满意度的前提下，从 2020 年 9 月到 12 月将维修成本每件减少了 10%。

电话中心员工在 2020 年 3 月到 5 月将处理一个销售来电的平均时间减少了 20%。

选定有价值的主题，清晰描述主题，对复盘对象而言，会直接影响到他们的复盘意愿、准备程度和对主题的清晰度；对复盘教练而言，可以让其做到心中有数，为高效复盘打下基础。

3.3.2　定团队：有缺位不复盘

确定项目复盘的主题后，接下来就要确定谁参与复盘。项目复盘强调项目的重要干系人必须参与复盘，只有重要的项目干系人全面参与到复盘中来，才能实现共享项目信息及数据，共识项目问题，共创问题方案，促进团队交流、协作与相互学习，共同践行并应用复盘结论。表 3-2 列举了项目复盘时必须参与及选择参与的干系人清单，其中必须参与的即为项目重要干系人。

表 3-2　项目复盘干系人清单

	干系人	参与价值
必须参与	项目发起人 / 负责人	明确项目的初衷和目标、评估方向及成果 回顾、反思、评估项目 对复盘结论及计划做出决策
	项目经理	界定项目目标、关键里程碑及成果 界定子项目之间的边界、目标及成果 参与项目复盘研讨过程，回顾、反思、评估项目
	子项目负责人	界定子项目目标、关键里程碑及成果 参与子项目复盘研讨过程，回顾、反思、评估子项目
	核心成员	了解项目全貌及进展，明确目标及任务，分享项目数据及信息，反思项目过程，总结项目经验，解决项目问题，落实后续行动
	跨部门协作者	回顾、反思、评估跨部门间的分工、协作及交付成果，不断完善协作方式以提升效率 从协作角度对项目团队提出建议、意见及要求 参与业务话题的共创
选择参与	供应商	回顾、反思、评估合作过程及模式，提升合作效率，参与业务话题的共创
	客户 / 用户	了解客户 / 用户体验、反馈及需求，设计及改进产品与服务，参与业务话题的共创
	监管部门及人员	了解监管部门的要求、标准及规则，能配合、运用相关要求、标准及规则做好项目

为了确保重要项目干系人能参与，尤其是对需要经常参与项目阶段复盘的人，复盘组织者可以考虑制定相关机制进行管理和约定。结合笔者和伙伴们的长期实践，建议大家可以从以下三个方面入手。

第一，固定复盘时间。比如，众行行动学习研究院就采用了这样的方式，以每月 9 日为公司复盘日。如没有特殊情况，干系人就会自动安排和调整工作，按时参加复盘。

第二，实行项目发起人负责制。凡不能参与项目复盘的干系人，都必须向发起人请假，借此杜绝一些人对复盘的故意逃避。

第三，项目团队共创和约定复盘的机制和规则。

总之，确保干系人不缺位，才能让项目复盘有效。

3.3.3 定数据：无数据不复盘

定数据，是指让复盘个人及团队在复盘前准备好与主题相关的数据和信息。数据和信息为复盘提供了分析的基础，是反映项目现状、发现项目问题、评估项目行为、支撑复盘观点和结论的重要依据，提前准备好相关数据和信息能加速复盘推进的效率。表 3-3 即为项目复盘前需要准备的三类重要数据和信息。

表 3-3　项目复盘数据准备清单

类型	内容	作用
目标数据	项目总目标是什么 阶段性目标是什么 团队目标是什么 个人目标是什么	帮助回顾及复盘目标
过程数据	策略及方法是什么 实施步骤如何 团队如何分工 过程中有哪些变化	帮助回顾、反思、评估策略及过程
结果数据	进度如何 成效如何 有何影响 相关反馈（包括客户、上下游、监管部门、管理者在内）是什么 ……	帮助回顾、反思、评估项目结果及影响

无数据不复盘，强调的是数据和信息准备对于复盘的重要性，

要让大家在复盘之前尽可能全面地搜集和复盘有关的数据。当然，各公司的基础管理水平不同，笔者也经常会遇到一些基础管理薄弱的公司，它们即便尽力做了数据搜集工作，也仍然存在数据缺失的情况。

对这种现象，复盘前可以针对无数据现象提出以下问题，引发复盘对象对无数据现象的关注。同时，探寻无数据情况下追溯、收集数据的方法，在未来如何进行数据管理方面达成共识，并做出应对及承诺。

项目管理及复盘中数据的重要性是什么？

为了做好项目管理及复盘，我们需要哪些数据？目前我们有哪些数据，缺失哪些数据？

在数据缺失的情况下，我们需要做些什么来应对此次复盘？

如果出现无数据及数据不完整、不准确、有待验证等情况，我们如何开展复盘？

未来如何做好项目中的数据统计、收集、管理及应用？

复盘中出现任何情况，都是引发反思的机会，而无数据现象恰恰是企业提升管理的契机。针对这种现象，复盘教练需要引导复盘团队进行反思，获取复盘团队的承诺，促进复盘团队行动。

3.3.4　定时间：不充分不复盘

要想做深做透复盘，就需要项目成员投入充分的时间。项目团队第一次做项目复盘，由于对流程工具不熟悉，需要复盘教练的培训和引导，至少需要 1 天（6 小时左右）的时间。进行几次复盘之后，随着团队对复盘的掌握，一般只需 3 小时就可以了。

如果遇到时间不充分，时间被压缩，或被其他事情打断，使得复盘草草结束等情况，复盘就会出现反思不深入，流于形式，无法输出有效的行动计划等情况，也就起不到应有的作用了。因此，项目团队需要预留充足的时间，避免复盘过程被打断；要一鼓作气推进，让复盘的整个过程一气呵成，确保思考的连续和深度。

项目复盘前定主题、定团队、定数据和定时间的"四定"工作是项目复盘的重要基础，会直接影响复盘的质量，复盘教练必须给予高度重视。如果客户是第一次引入项目复盘，复盘教练一般至少要在实施复盘前 15 天与客户深入沟通准备工作，让客户有充裕的时间做好复盘准备。

3.4　项目复盘现场实施要点

复盘的准备工作做好之后，就进入了复盘的现场实施阶段。项目复盘的现场实施包括三个环节：导入—研讨—汇报，如图 3-2 所示。

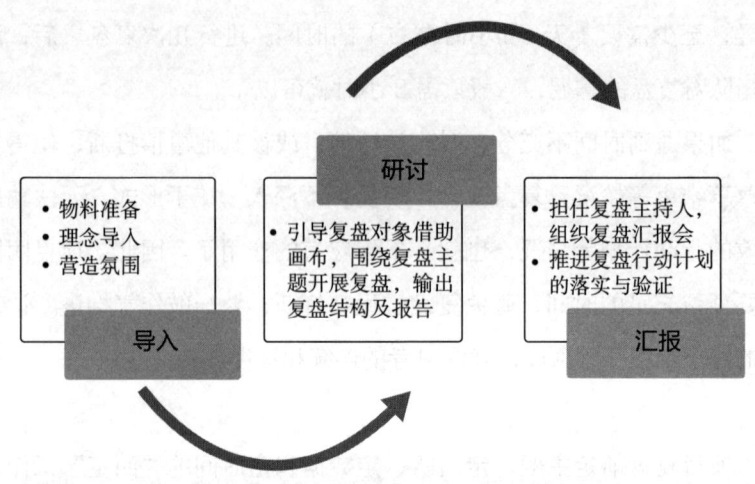

图 3-2　项目复盘现场实施要点

导入环节，复盘教练要提前做好物料准备，导入复盘的理念，营造开放包容的氛围；研讨环节，复盘教练要引导复盘对象围绕复盘主题开展复盘，输出复盘结论及报告；汇报环节，复盘教练要引导复盘对象听取管理层对项目复盘的反馈纠偏，达成结论，共识共享，促动复盘对象在项目中的落实与验证复盘结论，引导团队进入下一个复盘周期。

3.4.1　导入：好的开始是成功的一半

俗话说，好的开始是成功的一半。项目复盘的导入环节要做好四个方面的工作。

第一，张贴画布。

复盘教练需要提前将画布张贴到会议室的墙上，画布和复盘对象保持两米左右的距离。大家前进一步，可以伸手指点画布上的内容，聚焦在复盘当下的流程环节中专注思考；后退一步，又能一览复盘全局，厘清复盘要素间的关系。画布又天然起到营造氛围的效果。画布一上墙，就会迅速引发参与者围观，激发他们的好奇与期待。

第二，物料准备。

和复盘画布配套的物料主要有两项：三色笔和苹果便笺。

三色笔为蓝、黑、红小号中性水笔，三色笔传递了三种信号。

蓝色笔：蓝色象征理性，提示团队聚焦思考。蓝色笔用于书写项目复盘的主题、各类目标，比如总目标、阶段目标、策略目标。

黑色笔：黑色象征中性，促进团队开放、客观的陈述。黑色笔用于书写除主题和目标之外的所有内容。

红色笔：红色象征警示，需要团队重点关注和反思。红色笔用于修改或标注。当复盘发现目标不合理、不清晰，需要重构时，重构的目标需要用红色笔书写；当复盘发现策略有缺失遗漏，需要补充重构时，补充重构的策略要用红色笔书写；当识别项目重点工作，对其进行标注时，标注内容要用红色笔书写；给评估策略打分时，分数要用红色笔书写。

苹果砸在牛顿头上，使得牛顿发现了万有引力。所以，我们用苹果便笺（如图 3-3 所示）表达灵感和顿悟。

图 3-3　画布搭档之苹果便笺

复盘是一场未知的发现、探索、学习之旅。在复盘教练的提问启发、项目伙伴的自我反思下，复盘会越来越深入，经常会出现灵光乍现的时刻。它们有时是一种拨云见日的豁然开朗，有时是一种惊喜的发现，有时是一种悔不当初的觉醒，有时是一种重蹈覆辙的愧疚……这些是心智激荡、突破和提升的关键时刻，也是复盘的精髓所在。

复盘教练不但需要引导复盘对象多进行一些自我觉察，更需要帮助其捕捉到这些灵光乍现的时刻，邀请他们将这些时刻描绘出来，将顿悟及收获写在苹果便笺上，而这些便笺也将成为总结规律的原始素材。

第三，营造氛围。

与其他创造性工作坊相比，复盘工作坊容易产生压力，容易引发防卫，所以营造开放、轻松的氛围尤其重要。

复盘教练可以通过在复盘前做复盘理念的导入给复盘对象以心理预设，让大家认识到复盘不是找谁的错，而是帮助大家"吃一堑长一智"；也可以通过一些和复盘主题相关的小游戏来提升大家的能量，为接下来的挑战提前做好准备。

第四，解读画布。

复盘前帮助复盘对象了解画布的结构关系、步骤流程非常重要，否则复盘过程很容易被卡住。比如，笔者曾在某学员提供的 AACTP 复盘教练认证评审录音中，多次听到复盘对象的疑问。

"又问目标？我刚刚不是说了吗？我糊涂了，这里与那里有什么不同？"——分不清"评估策略"中的目标和"回顾目标"中的目标。

"下一个环节是什么？"——复盘对象明显犯蒙。

"这个图是什么意思？"——复盘对象对结构框架很不解。

这些都是对复盘画布、复盘流程缺乏认知所致。复盘教练在复盘之前，要提前向复盘对象介绍复盘画布的流程结构。

3.4.2　研讨：深入反思孕育团队成长

项目复盘的研讨过程是复盘的核心过程，它有四个显著的特征。

第一，聚焦主题。

画布的右上角有个复盘主题栏，该主题栏包括复盘日期、参与复盘的企业／部门、复盘的项目／课题（包含所要复盘的项目／课题的时间段、内容及目标）。通过这些信息，我们能了解复盘项目的大小及难度，也能基本判断该项目复盘是否及时。在研讨过程中，复盘教练需要随时引导团队成员聚焦主题，回到原点思考。

第二，遵照流程。

项目复盘的前四个步骤，在画布上用四种颜色进行区分，它们分别是第一步回顾目标，在红色区域；第二步评估策略，在绿色区域；第三步反思过程，在蓝色区域；第四步总结规律，在橙色区域。复盘需要按流程一步步地推进。

第三，关注结论。

项目复盘的前四个步骤，每一步都要有结论产生，这些结论相互影响和关联。通过回顾目标，我们可以得出目标是否精准，是否有遗漏，是否需要并进行了重构；通过评估策略，我们可以得出策略是否支持目标，是否有偏差和遗漏，哪些是重点策略，执行是否到位，各项策略的评估打分如何；通过反思过程，我们可以得出影响目标达成和策略落地的因素是什么，如何管理和应对这些因素；通过总结规律，我们可以引导复盘对象改善心智模式，实现借事修人，总结出做好项目的规律，总结出自我认知及发展自我和团队的规律。

第四，强调依据。

复盘的所有结论都要有依据，注重用事实、数据说话，都能在复盘画布的相应内容中找到依据与支撑，否则就是拍脑袋决定事情，复盘也会成为无效复盘。那么，如何为每个复盘结论找依据呢？在哪里找呢？

复盘目标得出的结论，依据在于目标栏的目标描述是否具有结构性，分别站在管理者、客户、员工等层面进行清晰、量化的描述，并且要让团队对项目认知有共识；复盘策略得出的结论，依据在于对照策略与目标的关系，是否形成了支撑，策略是否称得上策略，是否有创新，过程和结果的打分如何；复盘影响目标达成过程得出的结论，依据在于策略的评估打分的内在分析；复盘总结规律得出的结论，依据在于复盘过程中的苹果便笺的总结归纳，以及整个复盘过程中的典型事件，而"总结规律"中的行动计划，停止的行动、继续的行动、开始的行动来自前面总结的归纳。每一环节的结论及依据的关系如表 3-4 所示。

表 3-4 项目复盘结论和依据关系表

步骤	结论	依据
回顾目标	目标是否合理、可量化、有遗漏	目标描述、目标重构
评估策略	策略是否支持目标 哪些是重点策略	"一二三星"策略①的目标设计与达成情况
	策略是否有偏差和遗漏 各项策略执行是否到位 各项策略的评估打分是多少	各策略目标的清晰度、达成情况 策略的反思重构
反思过程	影响目标达成和策略落地的因素是什么	亮点、不足、变化的原因是否穷尽 选择亮点、不足、变化的逻辑标准如何
	管理和应对目标达成各因素的行动计划是什么	是否有目标 / 依据及规则 步骤流程是否清晰 工具方法是什么 注意事项有哪些
总结规律	做好项目 / 课题的规律和做法 是否有新的自我认知 发展自我和团队的规律和做法是什么	通过多次验证的成功或失败的具体事件是什么 行动计划是什么，是否具体

---

① "一二三星"策略，指选出若干个影响目标达成的重要策略，最重要的策略旁边画三颗星，次重要的画两颗星，次次重要的画一颗星。

　　请大家思考一个问题：复盘的过程和结果哪个更重要？如果一定要二选一的话，笔者的选项是过程。因为只有过程的有效才能保障结果的有效，只有过程的深入才能保障结果的发生。

　　复盘的成果包括两个：一个是看得见可以应用到后续项目的成果；另一个是看不到但能够在过程中感知的个人认知的成长，以及团队领导力的提升。无论是前者，还是后者，都依赖于过程的深入。

3.4.3　汇报：有力的闭环是新的起点

　　开展复盘汇报会对复盘来讲非常重要，会议的目的有三个。

　　第一，复盘结论需要接受反馈。由于个人或团队在复盘中可能存在盲点，设置或重构的目标、达成目标的影响因素、制订的行动计划可能存在偏差，与会的领导及相关团队需要及时反馈、纠偏并达成共识。

　　第二，复盘结论需要被共享。关乎项目的一切决策以及行动，与之相关的人和部门都应在复盘汇报会现场，他们需要知道，并给予支持、协作、补位，共同做好项目。

　　第三，复盘结论需要被应用。复盘报告一旦在汇报会上通过，报告当中的行动计划就将在下一步或下一个项目中实践验证，进入下一个复盘循环。

　　把握住项目复盘的三个环节的关键点，复盘才能有效。

3.5 项目复盘的五个步骤

3.5.1 第一步，回顾目标，不忘初心

为什么项目复盘的第一步是回顾目标呢？我们经常讲"行程万里，不忘初心"，大多数人却容易"行程万里，必忘初心"。下面大家一起看一个例子。

一位老师给学生们讲了个故事：三只猎狗正在追一只土拨鼠。土拨鼠钻进了一个树洞。这个树洞只有一个出口。可不一会儿，树洞里居然钻出来一只兔子。兔子飞快地向前跑，并爬上另一棵大树。兔子在树上，仓皇中没站稳，摔了下来，砸晕了正仰头看的三只猎狗。最后，兔子逃脱了。

故事讲完后，老师问："这个故事有什么不合理之处吗？"有学生说："兔子不会爬树。""还有呢？"又有学生说："一只兔子不可能同时砸晕三只猎狗。""很好，还有呢？"老师继续问。直到大家再也找不出问题了，老师说："还有一个问题，你们都没有提到，土拨鼠哪儿去了？"

是啊，土拨鼠哪儿去了？因为兔子突然冒出，让猎狗和学生们的思路都在不知不觉中被转移了，土拨鼠——猎狗真正追寻的目标，竟被忘记了。

在项目复盘过程中，我们有时也会被途中的细枝末节和一些毫无意义的琐事分散了精力，扰乱了视线，以致中途停顿下来，或是走上岔路，忘记了最初追求的目标。

所以，项目复盘的第一步设定为回顾目标，就是要我们反思一下自己的初心是什么，有没有背离初心。

回顾目标还有两个更为直接的目的：一是重现目标，检核项目是否有目标，团队是否记得，目标是否清晰；二是反思目标，反思目标是否有价值，是否表述正确、合理，是否富有挑战性，是否有共识，是否需要重构。

回顾目标的步骤与话术：

回顾目标是项目复盘画布的第一模块，有上下两栏表格，分别涉及项目的总目标及阶段目标（如表 3-5 所示）。

表 3-5　回顾目标

总目标	结果	比率
阶段目标	结果	比率

该环节复盘先导入介绍，让复盘对象知道复盘流程，再按"回顾—反思—重构"的顺序进行复盘，最后对复盘目标过程进行总结及关闭。具体话术如表 3-6 所示。

表 3-6　回顾目标的教练话术

环节	教练目的与话术
导入	**1. 介绍复盘目标的流程，让团队认识到目标及复盘目标的重要性，做好复盘准备** 目标非常重要，是衡量项目成功的标准，为团队工作提供方向和评价标准。项目复盘的第一步是目标的复盘，复盘目标会经历三个步骤：回顾—反思—重构 首先，回顾需要我们收集数据及信息，填写我们的目标及达成情况。这些数据及信息反映的是我们过去的状况 其次，根据填写信息及填写过程对目标进行反思，反思目标是否存在问题及偏差；在反思的基础上重构，对偏差性目标进行重新设计、修改与补充 最后，反思重构后的目标能否更清晰地指导我们开展后续工作，重构目标的思维也能引导我们未来设定目标时不犯错 回顾和反思是项目复盘第一步的必经步骤，重构将根据原先目标的实际情况而定。当然，并不是所有的项目目标都需要被重构 **2. 用笔提示** 在复盘的过程中，**目标用蓝色笔书写，主题内容用黑色笔书写，重构用红色笔书写**。颜色帮助我们区分过去的事实、现在及未来的思考，同时在画布上留下了思考的痕迹 **3. 心理预设** 在反思和重构过程中，复盘教练会尝试挑战旧有认知，可能会引起复盘对象的不舒服。复盘教练可以通过以下话术给复盘对象以心理预设："当你感觉到不舒服的时候，告诉自己，这可能是我的一次成长机会……"
回顾	**1. 回顾并填写总目标、阶段目标** 项目总目标有哪些，分别是什么；用 SMART 原则[①]表达目标是什么；阶段性目标的设计逻辑是怎样的，阶段性目标是什么 **2. 收集数据，填写截止到复盘前阶段目标及总目标的达成情况** 实际达成的结果是什么 数据统计周期是怎样的，数据给谁看，什么时候看 **3. 换算达成比例** 完成比例如何

---

① SMART 原则，是做好目标管理的重要原则。其中，S 代表 specific，意为具体的；M 代表 measurable，意为可度量的；A 代表 attainable，意为可实现的；R 代表 relevant，意为相关联的；T 代表 time-bound，意为有时限的。

（续表）

环节	教练目的与话术
反思	**1. 反思目标的清晰度** 各项目标清晰量化了吗 如果目标不清晰、不量化，会给项目带来什么不良影响 **2. 反思目标的价值、正确性、合理性** 我们的目标有价值吗 达成目标，谁会满意 我们的客户有哪些，他们希望我们为他们创造什么价值 我们正在做的工作与目标的关系是什么 **3. 反思目标的挑战性** 目标有挑战性吗 **4. 反思团队对目标的共识** 以上目标团队之前有共识吗，是通过什么方式共识目标的 达成目标，我们有成长吗
重构	**1. 做出目标重构的决策** 通过反思，大家认为目前我们的目标需要重构吗 **2. 共识目标设计的依据与维度** 通过反思，我们总结一下设定目标需要的依据是什么，从哪些维度入手 **3. 确认需要重构的目标** 我们需要新增 / 修改 / 调整哪些目标 **4. 撰写目标** 这些目标调整后如何描述 **5. 依据目标统计结果** 这些新的目标，我们过去做的结果如何
小结	**认知升华与总结** 接下来，进入"苹果时刻"。经过对目标的反思和重构，你有哪些和过去不一样的新认知产生？总结成一句话，记在苹果便笺上 "刚才的研讨，我们形成了……等成果，非常感谢大家的积极发言，也希望大家在后续的研讨中能更踊跃参与……"

常见问题和教练技巧：

目标不对，努力白费。如果项目的目标出现问题，项目的过程和结果就可想而知。而从大量的复盘实践来看，目标存在问题的项目并不在少数。

下面笔者就一一列举项目复盘中常见的目标问题，同时阐述其教练技巧。

第一，目标不明确。

目标不明确，往往有两种情况：一是目标意识淡薄，项目启动之初只有方向，没有明确量化的指标；二是不知道如何描述、撰写目标。

提高产品适销程度。

细化绩效考核，并加强执行力。

传统渠道价值链逻辑和模型再造。

加强公司对外部环境变化的敏感度。

改进资金管理团队岗位职责，使员工积极主动承担起相应的工作任务和责任。

显然，以上的几个目标没有量化，也难以衡量。针对这种类型的目标，复盘教练可以借助三要素模板（**目标 = 时间 + 成果 + 标准**）对目标进行重构，如表 3-7 所示。

表 3-7　目标书写三要素模板

目标	时间	成果	标准
管理预期及假设	截止时间：考虑该项目与其他项目的关系影响 时长：追求效率效能	成果：成果需显性化 成果形式：成果展示及交付形式，比如word、PPT、报告、表格、清单、视频等	要求/标准：数量、质量、属性类别等
举例：渠道开发	1 个月	开发 12 个新渠道，并与其签订合作协议	A 类：2 家 B 类：5 家 C 类：5 家
	签订协议后 5 个月内	新渠道业绩贡献达到 270 万元（按商务合同金额）	A 类：100 万元 B 类：120 万元 C 类：50 万元

运用目标书写三要素模板，就可以对前面提到的不规范目标进行明确化，如"**提高产品适销程度**"就可以修改为"**截止到 × × 时间复购率提升 × ×%，转介绍提升 × ×%，销量提升 × ×%**"。

如果复盘对象遇到项目目标无法量化的情况，也可以参照平衡计分卡的指标库制定合适的目标（如表 3-8 所示）。

正如平衡计分卡的创始人卡普兰（Kaplan）所言，没有量化就无法衡量，无法衡量就无法管理。为每项工作界定清晰量化的目标是管理者实施管理的基础。而要让目标变得清晰，就必须套用模板。毕竟，**好目标是"模"出来的**。

第二，目标不合理。

一些项目的目标表述很明确，但明确量化之后存在不合理的地方，这就需要复盘教练引导复盘对象进行反思。

表3-8 平衡计分卡指标库

层面		指标			
财务	增长	收入和增长组合：细分市场销售增长率、新产品（服务、客户）占收入的百分比	降低成本/提高生产率：人均收入		资本利用：投资占销售额的百分比、研发占销售额的百分比
	成熟	目标客户的占有率、交叉销售、新应用占收入的百分比、客户及生产线利润率	相对于竞争者的成本、成本降低率、间接开支占销售额的比率		营运资金比率（现金周转期）、主要资本类别的资本回报率
	收获	客户和生产线的利润率、非盈利客户的比率	单位成本（单位产出、每项交易）		回收期、生产能力
客户	结果	客户获利率、客户获得率	客户留驻率、客户满意度		市场份额
	驱动	价格：平均单价、零售价；质量：溢价、目标商品增长率、退货率；可获得性：订单响应时间、送货及时率；可选择性	服务：神秘客户、缺货率、订单满足率		关系：客户续约比例、客户净推介；品牌：知名度、美誉度、品牌溢价
内部流程	创新	新产品在销售额中所占比例、专利产品在销售额中所占的比例	新产品上市速度、产品开发周期、新产品盈亏平衡时间	运营：订单响应时间、生产周期、良品率、生产成本	客户管理
学习	结果	员工留驻率	员工生产率		员工满意度
成长	驱动	岗位胜任率	战略信息覆盖率		

某校园招聘项目的目标：9 月 1 日按时入职 93 人。

某培训项目的目标：课程平均满意度 85 分，考核平均分 85 分。

某体系搭建项目的目标：5 月 1 日完成制度、流程撰写并通过审批。

上述目标的表述是明确的，但这样的目标符合项目本身的初衷吗？能反映客户的真实期望吗？

每个项目都有其服务的客户：对于校招项目而言，业务部门是其客户；对于培训项目而言，学员及学员上司是其客户；对于体系搭建项目而言，体系应用部门是其客户。满足客户的真正期望才是每个项目的重要目标。因此，复盘目标时，我们需对照目标，站在客户的角度进行检查和反思。以下五个问题就是我们需要重点反思的。

我们的客户是谁？

他们的需求是什么？

哪项目标是围绕为客户创造价值及让客户满意而设定的？

项目启动前，我们是否与客户共同商讨，并设定令其满意的目标？

客户会如何评价我们的工作成果？

在复盘教练的引导下，复盘对象可以通过换位思考反思客户真正关注的目标。对于校招项目，除了入职人数，业务部门更关心的是留住和胜任；对于培训项目，学员不仅需要知道，更需要做到；对于体系搭建项目，体系应用部门不要文件，而要业务结果。经过复盘教练的引导，相关人员进行了反思，前述目标做出如下修正之后，就变得更为合理了。

某校园招聘项目的目标：9 月 1 日按时入职 93 人，入职 3 个月后转正率 98%，1 年留存率 85%。

某培训项目的目标：课程平均满意度 85 分，考核平均分 85 分，产品讲解演练过关率 100%，导购 3 天开单率 100%。

某体系搭建项目的目标：5 月 1 日完成制度、流程撰写并通过审批，宣贯覆盖率 100%，提问知晓率 100%，体系执行 8 个月后周转周期平均缩短 1 周，次品率下降至 1%。

回顾和重构的目标都呈现在画布上，用蓝色笔书写原来的目标，用红色笔书写重构的目标，再书写原目标和重构后目标对应的结果和完成比率。重构的业务导向、客户导向的目标，可能会因为之前没有目标，或者没有对应的结果，或者缺乏数据统计，需要我们在下一阶段或下个项目中，将这些目标纳入项目管理及工作中，确保及时补齐达成目标。

运用客户导向思维，复盘教练引导复盘对象进行目标重构的过程，其实也是引导其从自我导向转变为客户导向的过程。这一过程会让大家认识到：**好目标是客户导向的**。

第三，目标假设变化。

项目目标的设定是基于对未来市场的假设。如果假设发生了重大变化，继续基于原目标复盘就失去了意义，复盘教练需要引导团队去反思新假设下合理的目标应该是什么，进而重构目标。

2021 年某次项目复盘，其中一个团队复盘的项目是线上产品销售，仅用了 10 分钟就完成了"回顾目标"，而且团队一起很兴奋地集体鼓掌。他们的举动引起了笔者的注意。笔者仔细研究了一下他们的复盘成果。他们团队的目标包括两项：销量和利润。两项指标都完成得很好，销量达成率153%，利润达成率152%，难怪团队如此兴奋。目标达成率如此高的原因，是网上购物量激增。

这就是一个典型的假设发生重大变化的项目。项目目标完成得好，并不是因为团队运用了有效的策略，而是因为市场出现了变化。类似这种假设发生重大变化的项目，复盘时，教练需要引导团队就假设进行反思，并重构目标。具体来说，需要反思以下几个问题。

我们设定原目标的假设是什么？

原来的假设发生了哪些变化？这些变化没有被预料到的原因是什么？

这些变化对项目产生了哪些重大影响？

我们的原目标还是否合理？合理的目标应该是什么？

以前面所讲的网上购物的项目复盘案例为例，因为网上购物的市场井喷，很显然原来的销量和利润的目标值设定已经不合理，这时业绩结果更合理的参照物应该是同行的业绩，而不再是原来的目标。

另外，市场变化带来了大量新客户，能否把新客户变成持续的客户，这是复盘对象更应该关注的，因此在原指标的基础上应该考虑复购率之类的新指标。

VUCA 时代，环境瞬息万变，组织需要敏捷应对。如果当初设定目标的假设发生了重大变化，组织就需要快速地迭代其目标，因为**好目标是实事求是的**。

第四，目标没有共识。

如果项目目标没有得到共识，就意味着没有得到项目成员的承诺。所以，复盘教练一定要关注目标是否取得了大家的共识。复盘教练可以通过以下问题引导项目成员对此进行反思。

项目目标是否向下进行了分解？

项目成员是被动接受目标，还是主动担当的？

项目目标是否获得了重要项目干系人的承诺？

如何做能够获得项目伙伴的承诺？

经过对上述问题的思考，我们发现，大量组织在传统本位思维的惯性下，项目目标的设定过程往往是被动地自上而下分解，而不是主动地自下而上担当。该目标并没有获得项目伙伴发自内心的承诺。

同时，笔者和伙伴们也经常收到认证复盘教练的询问：如何才能让大家对目标有共识？如何才能获得项目伙伴对目标的承诺？在这里，笔者推荐大家采用行动学习的方式，具体方法可以阅读《行动学习使用手册》和《行动学习实战指南》两本书，这里就不再展开介绍了。作为复盘教练，要认识到**好目标是充分共识的**。

"好目标是'模'出来的，好目标是客户导向的，好目标是实事求是的，好目标是充分共识的"是项目目标设定的四条原则，也是复盘教练引导项目伙伴反思、重构目标的四个关键要点。

3.5.2　第二步，评估策略，方法取胜

项目复盘的第二步是评估策略。有效的策略能让项目目标达成事半功倍，反之则事倍功半。评估策略的目的有四个：一是项目团队回顾当初的策略是什么，是如何产生的，是自上而下听指令，还是团队共创集众人之智；二是重温项目实施的完整过程，了解项目实施过程中的关键要点；三是反思策略与目标的关系及策略的有效性；四是跳出来思考，如果重新来过，会如何做，对策略进行反思及重构。

策略是识别项目痛点后提出的、有针对性的解决方案，是一招制敌的有效方法，但实践中我们经常会混淆基础工作和策略。下面，我们通过一个故事来理解策略和常规工作的区别。

齐国大将田忌收到了齐威王的邀约。齐威王约他一起赛马，还是老规矩：共比三场，获胜场次多者胜。

此前，田忌也多次跟齐威王及同僚们赛马，他总是赢少输多。这次，接受齐威王的邀请之后，他也没有做什么准备，打算按照老一套，让自己的上等马对战齐威王的上等马，自己的中等马对战齐威王的中等马，自己的下等马对战齐威王的下等马。

试想一下，田忌的老一套能为他带来比赛的胜利吗？很显然，答案是个未知数。除非他的上等马、中等马跟下等马都比齐威王的好。可齐威王是有名的赛马爱好者，养了很多出色的赛马，想胜过他，显然很有难度。

一旁的孙膑给田忌出了个主意："请调整一下马的出场顺序，让您的下等马对战大王的上等马，您的上等马对战大王的中等马，您的中等马对战大王的下等马。"

田忌接受了这个建议。

最终，田忌赢两场，输一场，赢得了比赛。

田忌和孙膑两人，谁的做法是真正的策略呢？

田忌的方法显然不是，无法回答策略是怎么支持目标达成的。孙膑的方法则直接回答了，在赢少输多的情况下，如何获胜，这才是真正的策略。

由此可见，项目目标确定后，制胜的关键在于策略，项目复盘的第二步评估策略就是对项目当初是否采取了有效的获胜方法进行评估的。

评估策略的步骤与话术：

评估策略是项目复盘画布的第二个模块，包含一表一图两部分，表用以呈现项目的策略及达成情况，图用以呈现对策略反思评估后的直观评价（如表3-9所示）。

表3-9　评估策略及达成

· 列举目标推进计划 / 关键工作项 · 标注目标 / 结果 · 按过程和成果满意度 1~10 分进行评分		
策略 1	目标：	
	结果：	
策略 2	目标：	
	结果：	
策略 3	目标：	
	结果：	
策略 4	目标：	
	结果：	
策略 5	目标：	
	结果：	

　　该环节复盘先导入介绍，让复盘对象理解策略的概念，再按"回顾—反思—重构"的顺序进行复盘，最后对复盘目标过程进行总结及关闭。具体话术如表 3-10 所示。

表 3-10　评估策略的教练话术

流程环节	教练目的与话术
导入	**介绍评估策略的流程，解读策略与目标的重要关系** 目标指引策略方向，策略支撑目标达成 在复盘策略环节，我们首先需回顾过去的做法，其次还要对照目标对策略进行反思及重构 策略复盘过程，我们既要厘清当初采用的项目策略，也要引导复盘团队建立策略思维。复盘策略，同样会经历回顾、反思和重构三个步骤
回顾	**1. 列举策略** 回顾一下，项目采取了哪些策略？采用"方法 + 动宾结构"的句式表述策略，即"用什么方法做什么事情" **2. 区分重点策略** 界定哪些策略是支撑目标的关键，选出三个影响目标达成的重要策略，最重要的策略旁边画三颗星，次重要的画两颗星，次次重要的画一颗星。用红色笔画星，以此帮助我们区分工作重点。如果之前没有考虑过，复盘的时候需要重新界定，以帮助我们在后续工作中调整工作重心和聚焦点 **3. 盘点目标 / 结果** 策略的目标是什么（一个策略可以有多个目标，目标需符合SMART 原则，运用时间、成果、质量三要素描述） 达成结果如何？注意用数据事实说话，确保数据的准确性（结果同样运用时间、成果、质量三要素描述）

（续表）

流程环节	教练目的与话术
反思	**1. 策略的有效性** 项目的痛点、难点是什么，哪些策略针对哪些痛点、难点 策略是否直接影响项目成败 策略目标达成能否决定项目目标的达成 **2. 策略共识** 策略是如何产生的，哪些人参与了策略的制定 项目干系人是否对策略有共识 **3. 对策略进行评分** 对照策略目标与结果的差距及回顾实施过程，对策略按照 1 ～ 10 分评分 完成最好的策略是哪些，完成最差的策略是哪些，未被执行的策略是哪些
重构	**重构策略** 策略需要做哪些修、改、补 重构后策略的目标应该是什么，结果如何
小结	**认知升华** 接下来，进入"苹果时刻"。经过评估策略，你有哪些和过去不一样的新认知产生？总结成一句话，记在苹果便笺上

常见问题和复盘技巧：

策略直接关乎项目成败，评估策略的核心目的是要找到针对这类项目的有效方法——"杀手级动作"，从而实现复制。如果复盘对象仍沿用做项目时的思维来评估策略，就有可能无法发现问题或令复盘缺乏深度。

下面笔者将一一列举项目复盘中评估策略的常见问题，同时给出复盘教练处理问题的建议。

第一，有行动无策略。

有行动无策略，就是没想好就开干，没目标就行动。现实中很多项目就是这样做的，没规划没策略，什么容易就干什么，习惯什么就干什么，领导让干什么就干什么，最后结果不尽如人意，这是典型的"有行动无策略，无策略就行动"。这种情况就需要引导复盘对象一起反思，达成目标的"杀手级动作"究竟是什么，让大家认识到**"策略在前，行动在后"**的重要意义。而要改变有行动无策略的情况，就需要按照以下步骤来操作。

第一步，确认项目难点，追问难点的对应策略。

这一步重点在于明确项目的难点及对应难点的策略，引发复盘对象对难点破解的觉察和反思。

复盘教练可以问："项目的痛点、难点是什么？哪些策略针对哪些痛点、难点？"针对以上问题，如果复盘对象缺乏难点的对应策略，复盘教练就需要直接引导他们进行重构。

如果复盘对象回应有难点的对应策略，但对应策略无法充分支撑难点的破解或目标的达成，复盘教练就需要进一步追问确认："策略是否直接影响项目成败？策略目标达成能否决定项目目标的达成？"也可适当进行质疑："为何有策略，目标却仍然没有达成？我们忽略了什么？"

这些追问和质疑，可以帮助复盘对象主动发现策略存在的问题，反思并制定有效的策略。如果在复盘教练的多次提问下，复盘对象仍然无法觉察到问题，也可以暂告一段落，毕竟接纳心智提升需要一个过程。

第二步，针对难点进行策略重构。

反思之后是对策略的重构，复盘教练可以提问："如果重新再做一次，你会怎么做？回到项目之初，我们做些什么能让结果有所不同？"引导复盘对象思考解决难点的新策略可以有哪些。

第三步，强化策略意识。

评估策略过程，除了找到对项目有效的策略之外，让复盘对象认识到策略的重要性也同等重要。复盘教练可以通过提出"制定策略的时机是什么""哪些人需要参与制定策略""策略对项目会产生哪些影响"等问题，来强化"策略在前，行动在后"的策略意识。

第二，有策略无目标。

有策略无目标是一种普遍现象。为什么设定了项目目标，还要设定策略目标？这二者又有何关联和区别？

笔者用一个生活中的例子来帮助大家理解。比如，笔者决定要减肥，这就是启动了一个个人项目。减肥项目的目标是什么呢？半年减肥 20 斤。减肥的策略是什么呢？"管住嘴"和"迈开腿"。这样就可以实现减肥的目标了吗？很难。为什么？"管住嘴"和"迈开腿"没有量化的目标，很难落地。

如何设定策略目标？半年减肥 20 斤的目标，可以转化为摄入热量和消耗热量的差值。据此，就可以设定"管住嘴"的目标，每天摄入热量不超过多少；设定"迈开腿"的目标，每天消耗热量不低于多少。依据策略目标推进策略，才能实现项目目标。

项目目标是要达成的结果，策略目标是支持结果达成的过程；项目目标是事后的衡量，策略目标是事前的驱动；项目目标是要撬动的巨石，策略目标是撬动巨石的杠杆所要着力的支点。

策略目标不仅要明确，还必须能够回答策略如何支持目标的达成。比如，一场营销沙龙，销售人员按要求邀约客户到场，可沙龙结束后却没几人购买产品。通过复盘，大家发现，原来问题出在目标设定上。这场营销沙龙只有邀约人数的目标，导致销售人员只关注邀约，却没有后续回访，虎头蛇尾，最终造成了转化率低、购买率低的情况。

目标是行动的指挥棒，只设定了邀约的数量，不要想当然地认为员工会自动自发地去提升销量。正如杠杆需要一个有效的支点才能四两拨千斤，策略也需要一个有效的目标才能点石成金。

创业、营销、销售、产品推广、App 沉淀客户、媒体推广等项目策略目标的设定，可以参考戴夫·麦克卢尔（Dave McClure）提出的 AARRR 海盗指标组。在该指标组中，后一阶段是前一阶段的结果，前一阶段是后一阶段的驱动（如表 3-11 所示）。

表 3-11　AARRR 海盗指标组

阶段	指标
阶段一：用户拉新（acquisition）	新访问用户量、来源渠道评估、CPC（每次点击付费广告）、搜索次数、搜索结果、获客成本、点开率、跳出率等
阶段二：用户激活（activation）	注册用户数、注册转化率、新手教程完成量、使用过主功能的用户数、订阅收藏量等
阶段三：用户留存（retention）	用户参与度、用户登录频次、用户登录时长、日 / 周 / 月留存率、流失率等
阶段四：商业变现（revenue）	付费用户数、付费转化率、订单金额、订单数量、成功支付数、退款率等
阶段五：用户推荐（referral）	分享次数、分享率、分享页打开率、分享页注册量、分享传播周期等

如果原策略没有设定目标，复盘教练在评估这个环节就需要引导复盘对象进行策略目标的重构。没有策略目标不一定没有结果，因此

还需要进行结果统计。

重构后的策略及其目标也要应用雷达图进行评估，将重构策略和原有策略全部加入雷达图进行评估，形成项目的整体策略雷达图。复盘对象就可以根据其重要性、相互影响及关系对各项目进行综合评分。重要却分数低的就是需要重点反思和复盘的策略。

第三，有目标无管控。

有目标无管控，是指项目中因缺乏过程管理目标而导致结果失控的现象。就如前述的减肥案例，靠自律实现"管住嘴"和"迈开腿"很难，实施过程管理非常重要，需要引导复盘对象回顾、反思及重构。而要结束有目标无管控的情况，就需要按照以下步骤来操作。

第一步，聚焦需要管控的策略。

不是每一项策略都需要设置管控目标，管理者要把精力放在影响大、投入多、时间长的关键策略上。复盘教练可以通过提出"以上哪些是关键策略？哪些策略需要进行过程管控"等问题来聚焦需要管控的策略。

第二步，设置过程管控目标。

过程管控目标可以从时机、频次及标准三个角度进行制定。时机，即何时检查；频次，即多久检查一次；标准，即检查范围、质量要求等。反思、重构、设置过程管理目标，需要管理者与项目团队共同制定达成共识，这样管理者才知道该检查什么，团队才知道该交付什么，进而实现上下同欲，聚焦目标，共同努力。

有行动无策略、有策略无目标、有目标无管控是评估策略环节常见的问题。复盘教练在引导项目团队反思重构的同时，也要适时从管理的视角引导项目团队进行反思，让团队从管理视角认知这种重构的价值，从而获得心智模式上的升级。

3.5.3 第三步，反思过程，魔鬼藏在细节中

前面两步分别复盘了项目的目标与策略，相当于复盘了项目的大方向，第三步反思过程则是追溯影响目标达成的细节。为什么要追溯细节？大家一起看一个故事。

西方谚语云：掉了一颗钉子，坏了一个马掌；坏了一个马掌，毁了一匹战马；毁了一匹战马，输掉一场战役；输掉一场战役，毁灭了一个王国。这个谚语讲的是英国理查三世时期，理查三世准备与亨利伯爵（后来的亨利七世）决一死战。他让一名马夫给自己的战马钉马掌。铁匠钉到第四个马掌时，差一颗钉子，便偷偷敷衍了事。结果开战的时候，这个少了一颗钉子的马掌掉了，马跌倒在地，理查三世也被掀翻在地，于是军心涣散，导致战争失败，王位也随之易主。

由此可见，关键的细节关乎成败，而复盘深挖细节并不容易，因为魔鬼藏在细节中。何为魔鬼？魔鬼即心结，它可能是不想与人分享的短板、不足，可能是不为人知的项目具体执行过程，可能是思维、行为的惯性和惰性，甚至可能是轻易看不清、道不明，但影响目标达成的"幕后黑手"。复盘本质上是反人性的，就是要与心结做游戏，发现它，教化它，修正它。

反思过程的步骤与话术：

对照画布，反思过程由四部分组成，分别是亮点、不足、变化项

和标杆（如表 3-12）。

表 3-12　反思过程

	事项	好的做法			结果与影响
亮点					
	事项	不足的做法		结果与影响	改进做法
不足					
	事项	变化原因	当时应对	结果与影响	新的做法
变化项					
	具体做法				启发与行动
标杆					

　　四部分中每一项的复盘都需经历四个步骤：先穷尽，再聚焦，然后重构（亮点项为"后萃取"），最后做验证。如复盘亮点时，先把所有的亮点都呈现在画布上，再通过排序取舍，聚焦核心亮点，然后萃取经验，最后进行实践验证。不足、变化项和标杆的复盘过程也是如此。下面笔者将逐一介绍。

第一，复盘亮点——萃取经验，复制推广。

　　复盘亮点作为本环节的第一步，意义有二：其一，萃取经验、复制推广是复盘的重要目的之一；其二，复盘亮点的过程其实也是给团队赋能的过程，让团队更有能量进入下一步的不足反思阶段。具体过程如图 3-4 所示。

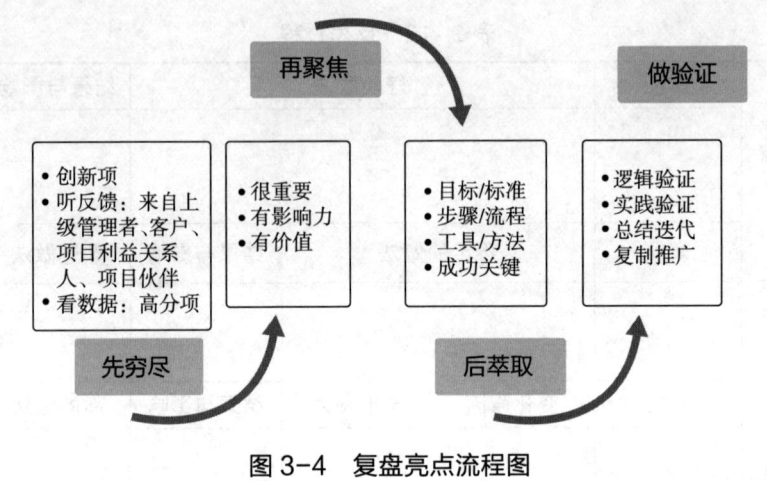

图 3-4　复盘亮点流程图

在反思亮点时，我们经常会遇到以下状况：有人觉得没有亮点，有人看不到亮点，有人不愿透露亮点。怎么办？建议参考以下流程：有时可以看数据，用结果推导，从策略评估的高分项入手；有时可让团队互相举荐和反馈；有时要从过程的创新、创意中去深挖；有时需要运用发散工具等。

总之，亮点要先做到完全穷尽，再聚焦核心，继而萃取，最后做验证（推广）。这都需要复盘教练营造安全、开放的场域，借助提问工具进行萃取。表 3-13 展示的是复盘亮点的具体话术。

表 3-13　复盘亮点的教练话术

流程环节	教练目的与话术
导入	**介绍复盘亮点的目的及要求** 复盘亮点不是为了表扬某人，而是为了厘清我们哪里做得好，哪里做得对，进行复制推广，从而让团队的下一个项目从中受益，也让更多人获得启发，优化组织管理能力 在复盘亮点时，我们需要回看目标、策略，对照着进行反思。一般而言，项目亮点来自三个方面：一是策略当中的高分项；二是项目当中的创新项，可能分值不高但可圈可点；三是我们可能认为理所应当，他人看来觉得非同寻常，但值得总结的事项 复盘亮点需经历先穷尽、后聚焦、再萃取的过程，同样应用回顾—反思—重构三个步骤推进
回顾	**1. 分析、总结、穷尽所有亮点** 针对目标的达成，哪些事项做得最好 高分项中有哪些亮点 哪个策略是创新项，有哪些亮点 上级管理者、客户、项目利益关系人、项目伙伴会认为哪些事项是我们的亮点 **2. 聚焦核心亮点，追溯过程、结果与影响** 哪个亮点对项目的影响最大，哪个亮点对项目的影响最有价值 完成这一事项的具体步骤、标准是什么 产生了哪些具体的结果或影响
反思	**反思亮点** 影响亮点的主观和客观因素是什么 成功的关键是什么 换个人照做可以获得成功吗

（续表）

流程环节	教练目的与话术
重构	**萃取做法，供验证后复制推广** 亮点项可以设定的目标是什么 步骤流程是什么 运用什么工具及方法 有哪些注意事项 如果别人进行同样的项目，你会给出什么建议 可以提炼成什么样的公式或方法 你有哪些顿悟
小结	**认知升华** 接下来，进入"苹果时刻"。经过反思，你有哪些和过去不一样的新认知产生？总结成一句话，记在苹果便笺上

表 3-14 展示的就是应用复盘亮点流程的实际复盘过程，"事项"列共搜集了 8 个亮点事项，最终聚焦于第一项（可以依据实际情况选择 1~3 项），"好的做法"列是对第一项亮点的方法萃取，"结果与影响"列是对亮点项价值的反思。同时，为了直观呈现亮点价值，可以用红笔标识符号"↑"和"→"表达"提升"和"推进"。

表 3-14　复盘亮点示范表

事项	好的做法	结果与影响
1. 方案制定清晰，全员检核知悉 2. 购机利益点跟进宣导到位 3. 传播平台多样且回访率高 4. 异业合作尝试（创新点）	**一、目标 / 标准** 1. 提前 1 个月完成终稿方案输出 2. 全员知悉度 100% **二、流程 / 步骤** 1. 内部团队沟通共创方案及向上确定（含目标、政策、激励方案、跟进动作、交付形式、活动引流方案、氛围等，见案例） 2. 提前 1 个月完成部署会（准备物料、时间节点、执行手册宣导）	1. 增加知悉度的检核↑ 2. 为了知悉度 100% 做了晨读↑ 3. 时间节点卡准，严格执行不拖沓→

（续表）

事项	好的做法	结果与影响
5. 预定品鉴会目的明确，跟进指标清晰 6. 国庆激励 PK 方式创新改变 7. 区域个性化物料（专卖店特供贴纸、定制头箍、定制服装） 8. 晨读（利益点 + 利益点话术 + 新品卖点）	3. 提前 3~5 天完成动员会（动员会流程、内容、形式） **三、工具 / 方法** 方案文件、晨读、1 页纸、操作小视频、检核问卷 **四、成功关键** 层层有宣导，宣导后检核，检核后改进，改进后提升	4.SE 首销期业绩对比Reno4 首销期提升4% ↑ 5. 提升国庆业绩，对比五一提升80% ↑

有时亮点还可能藏在细节的某处，需要我们不断深挖。某银行复盘项目中，有一位业绩很好的客户经理，他的陌生客户拜访成功率达81% 以上，大家都很好奇他是如何做到的，领导也好几次问他成功的关键，得出的结论是因为他的个性特质，旁人无法复制。

后来通过提问深挖，大家最终发现，这位客户经理成功的关键是他自己改造而成的一张"客户信息收集表"。这位客户经理在公司标准化的表格上增加了几个内容模块，如爱好话题、个人痛点、最新动态、人物关系等，而且每一项都有对应的沟通及应对策略。

围绕这张"客户信息收集表"，笔者和伙伴们分析了他收集客户信息时制表的标准和依据，了解了各项信息在拜访当中的具体应用场景，最终把所谓的个性特质萃取成了大家可复制的方法。

第二，复盘不足——找到缺失，改进提升。

经过对亮点复盘，团队得以赋能，接下来就进入具有挑战性的复盘不足环节了。图 3-5 展示的即为复盘不足的流程。

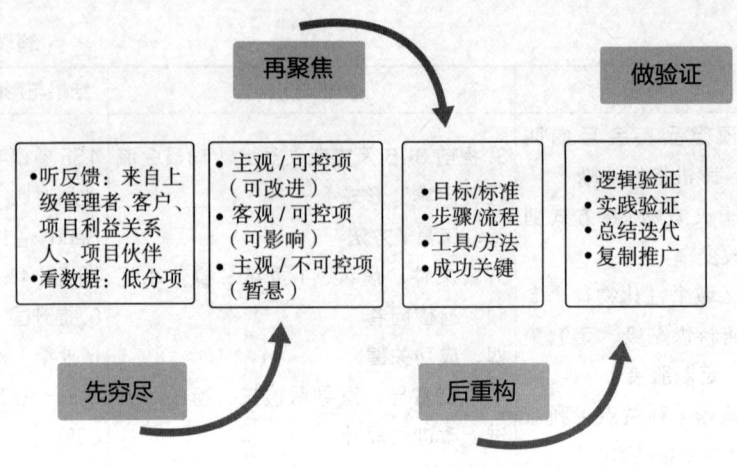

图 3-5　复盘不足流程图

复盘不足是团队和自己的心结做斗争的过程，掩盖自己的缺点和过失是人的思维惯性，不揭露他人（团队或组织）的不足往往又是职场的潜在规则。所以，复盘不足，首先要营造信任的氛围，打造安全的场域，引导团队认识到复盘不足不是批判谁，而是实现"吃一堑长一智"。

在放下防卫的基础上，引导团队运用目标导向、未来导向、学习导向的视野来看待现在的问题，回看策略评估当中的低分项，运用头脑风暴发散，通过教练提问收集不足，先穷尽，再聚焦，后重构，做验证。表 3-15 展示的就是复盘不足的具体话术。

表 3-15　复盘不足的教练话术

流程环节	教练目的与话术
导入	**介绍复盘不足的目的及要求** 很多时候人们犯同样的错误，往往不是我们不知道那里有"坑"，而是缺少有效的规避手段，所以复盘不足不是问责，而是为了厘清影响项目结果的不足之处，并针对关键不足重构改进方案，以避免重复犯错

（续表）

流程环节	教练目的与话术
回顾	**1. 穷尽不足项** 针对目标的达成，哪些地方未达预期或有待改进 低分项中有哪些不足 上级管理者、客户、项目利益关系人、项目伙伴会认为哪些是我们的不足 有哪些事项中存在隐患 **2. 聚焦核心不足，追溯过程、结果与影响** 请标出主观可控的不足（这些是可以改进的） 请标出客观可控的不足（这些是可以影响的） 在前两项可改进、可影响的不足项中选出重要的关键项 不足的具体步骤是什么 产生了哪些具体的结果或影响
反思	**反思不足** 影响不足的主观和客观因素是什么 导致不足的关键原因有哪些 我们可以从这个事件中学到什么
重构	**重构针对不足的改进方案** 针对关键不足项，可以设定的目标是什么 步骤流程是什么 运用什么工具及方法 有哪些注意事项 如果别人进行同样的项目，你会给什么建议以避免掉"坑" 改进建议可以提炼成什么样的公式或方法
小结	**认知升华** 接下来，进入"苹果时刻"。经过反思，你有哪些和过去不一样的新认知产生？总结成一句话，记在苹果便笺上

表 3-16 所展示的就是应用"复盘不足流程"的实际复盘过程，"事项"列共搜集了 8 个不足事项，最终聚焦于第一项（可以依据实际情况选择 1~3 项），"不足的做法"列是对第一项不足的分析，"结

表3-16 复盘不足示范表

事项	不足的做法	结果与影响	改进的做法
1. 未对门店人员能力进行盘点，没有重视提升导购／的销售能力 2. 未招聘或招来的临促／抢手质量不高 3. 氛围布置打造不够浓厚 4. 培训后未做开单率（结果指标）检核 5. 针对不同类型的门店（沿街店、购物中心店等），打法未做区分 6. 未检查跟进门店执行晨会、例会制度的情况 7. 优秀案例分享不足，未针对存在不足的门店提前做提升方案 8. 购机利益点对外宣传不够聚焦，频率不够	只培训了产品知识，但未跟进检核	1. 顾客进店成交率低于30%，顾客容易流失，导致销售人员放弃，信心度比较低，长此以往会形成恶性循环，门店销量越来越低↓ 2. 机型机构差（高端机占比只有35%），销售人员收入低，影响积极性↓	一、目标／标准 1. 顾客进店成交率达到50% 2. 高端机占比达到40% 二、步骤／流程 1. 确认影响销售成交的六个痛点／难点：产品知识掌握、改策推荐话术、高端机转推、催单技巧、沟通技巧与服务、讲价应对 2. 根据以上六点，对门店人员的缺失进行盘点，将人员分群 3. 针对不同人群，开展对应的培训及学习（线上＋线下＋案例分享） 4. 门店进行模拟演练，对模拟过程中的不足进行改善，再练习 5. 检核指标及跟进业绩开单后，再对落后的伙伴进行改善 三、工具 课程包、对比1页纸、话术、检核问卷 四、注意事项 1. 一定要按痛点分人群，进行有针对性的培养 2. 对能力提升除了有知识输入外，一定要在做中学、在改善中学

果与影响"列是对不足项无效之处的反思。同时，为了直观呈现不足带来的无效，可以用红笔标识符号"↓"和"←"以表达"降低"和"阻碍"，"改进的做法"列则是对不足项的做法重构。

不同于复盘亮点，复盘不足是一个富有挑战的环节。复盘教练一定要注意营造信任的氛围，打造安全的场域，而不仅仅是专注于流程。如果不能让大家消除顾虑，放下防卫，这一过程就很容易流于形式。

第三，复盘变化项——识别防范，管理应对。

常言道"计划赶不上变化"，我们没法阻止变化的发生，但要做到应对变化时心里有数。这就需要我们通过复盘变化项，培养项目风险的预判、洞察和应对的能力，并找到管理和应对变化的办法。复盘变化项的流程如图 3-6 所示。

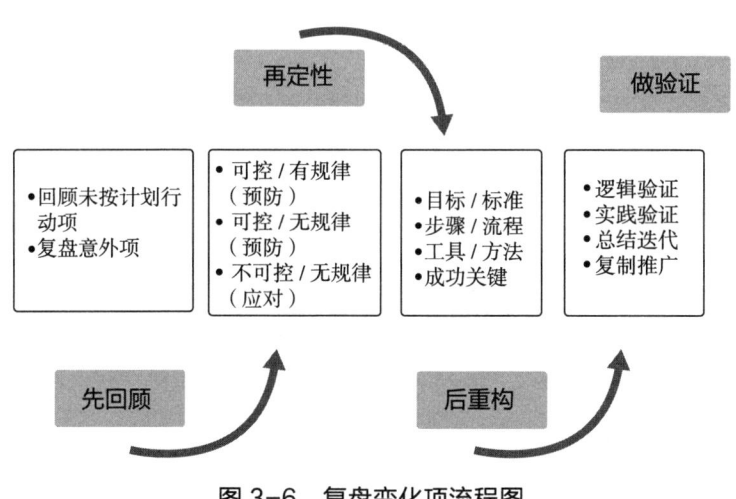

图 3-6　复盘变化项流程图

变化项一般有两大类，一类是因客观环境变化而变化，另一类是项目团队没有按照计划进行推进，后者同样存在防卫。作为复盘教练，要注意识别这两类不同的变化，同样要营造出信任和安全的环境，确保大家能够客观地呈现出变化项。表 3-17 展示的就是复盘变化项的具体话术。

表 3-17　复盘变化的教练话术

流程环节	教练目的与话术
导入	**介绍复盘变化项的目的及要求** 什么是变化？没有按计划实施的就是变化，发生了意料之外的事就是变化。这些变化有可能影响目标的达成。复盘变化项是为了能识别并进行变化的管理，降低变化对项目的影响，同时能抓住机会型变化，提升项目推进效果
回顾	**1. 根据项目选择变化项** 哪些事项未按计划实施 **2. 追溯变化过程、结果与影响** 当时是如何应对的 产生了哪些结果和影响
反思	**识别变化原因** 这些变化是主观因素还是客观因素造成的 这些变化可控还是不可控 这些变化有规律吗 什么情况下（信号）会发生此类事件 在变化中我们学到了什么
重构	**重构针对变化项的预防及应对方案** 如何预防突发事件 重新做，你会如何做，可以应对变化吗
小结	**认知升华** 接下来，进入"苹果时刻"。经过反思，你有哪些和过去不一样的新认知产生？总结成一句话，记在苹果便笺上

表 3-18 所展示的就是应用复盘变化项流程的实际复盘过程，

表 3-18　复盘变化项示范表

事项	变化原因	当时应对	结果与影响	新的做法
库存不足	1. 主观因素：体验店、专卖店对市场预估不精准，且对一线诉求了解不全面 2. 可控 3. 有规律可循	1. 从批发调整 2. 从内部调整 3. 从产品主推调整	1. 部分跑单↓ 2. 人员销售怨气没底气↓	一、目标 / 标准 1. 各地市分价位段备货标准 ① 1000 元以下、1000~1500 元无价位段备货 60 天（日常 30 天的 2 倍） ② 1500~2500 元、2500~3000 元无价位段摆货 45 天（日常 30 天的 1.5 倍） ③ 3000~4000 元、4000+ 元无价位段周转 30 天（日常 30 天） 2. 各地市整体备货目标周转 45 天 二、步骤 / 流程 1. 提前 2 周深入一线，了解市场行情和诉求 2. 提前 2 周输出分价位段的备货标准 3. 充分向上沟通，了解产能 4. 提前 1 周门店备货到位 三、工具 / 方法 库存周转报表、门店诉求问卷 四、注意事项 1. 备货标准跟门店沟通到位 2. 一定要跟进门店备货到位

"事项"列是确定了其中一个重大变化事项（通常为 1~2 项，也有可能没有变化项），"变化原因"列是对变化的主客观原因分析，"当时应对"列是变化发生后的应对措施，"结果与影响"列是对变化项导致的结果和影响的反思，"新的做法"列则是对变化项的应对策略重构。

复盘变化项也是有误区的，比如错把不足当变化。某海上工程施工项目，第一个月目标没有达成，团队在变化栏写的是"台风"，笔者一听觉得合理。第二个月变化栏仍然是"台风"，第三个月复盘时变化栏依然是"台风"，笔者调侃说有一种台风叫作"人工台风"。

首遇台风，由于缺乏应对的经验，属于变化项，无可非议；多次遇到台风，仍然毫无应对策略，继续影响工期进展，那就不是变化项，而是项目团队的不足。行有不得，反求诸己，借事修人，寻找做事的方法。复盘教练要随时引导团队反思，不为失败找理由，优化团队的心智模式。

第四，复盘标杆——精准对标，借鉴应用。

太阳底下没有新鲜事，你正为遇到的难题夜不能寐，别人早已驾轻就熟。所以，很多工作要想快速突破，最有效的学习方式就是标杆学习。先精准对标，聚焦组织内外部、行业，甚至跨界的对象，然后挖掘其经验和做法，借鉴应用及验证，就有可能带来成果上的突破。因此，复盘标杆的过程，就是给项目团队创造一个向外看、向外学的机会。表 3-19 展示的就是复盘标杆项的具体话术。

表 3-19　复盘标杆的教练话术

流程环节	教练目的与话术
导入	**介绍复盘标杆的目的及要求** 标杆是供我们学习、借鉴和超越的。这一步，我们将回顾项目过程中是否有意识地选择标杆并向他们学习和借鉴。如果有，就要复盘标杆发挥的价值；如果没有，就需要我们一起重构，通过标杆学习为我们的项目赋能
回顾	**根据项目选择标杆对象** 谁是我们可以学习借鉴的标杆（组织内外部标杆、行业标杆、跨界标杆） 为何将他们设定为我们的标杆 我们能向他们学习的是什么
反思	**挖掘标杆做法** 如果采取标杆做法，会给我们的项目带来什么不同
重构	**借鉴应用或改良标杆做法** 标杆是如何做的？运用 STAR 法则进行经验及案例的提炼 标杆做法的一般性方法论是什么
小结	**认知升华** 接下来，进入"苹果时刻"。经过复盘，你有哪些和过去不一样的新认知产生？总结成一句话，记在苹果便笺上

表 3-19 中提到的 STAR 法则是一个常用的标杆案例提炼法。

situation（简称 S）：事情是在什么情况下发生的。

task（简称 T）：任务 / 目标 / 挑战是什么。

action（简称 A）：针对这样的情况分析，采用了什么具体的行动。

result（简称 R）：结果怎样，在这样的情况下学到了什么。

如表 3-20 展示的就是实际复盘过程中萃取标杆案例的过程，首先在"具体做法"列用 STAR 法则对案例进行回顾，其次在"启发与行动"列进行方法论的萃取（萃取方法与亮点萃取一致）。

表3-20 标杆案例萃取

具体做法	启发与行动
S（背景） 2019年7月21日到8月29日推广某公司成立20周年"推荐有礼促销活动"，团队成员Mary负责跟进并推动7位老客户的转介绍 T（任务） 1. 促成每位大满贯客户推荐3名学员 2. 挑战与难度：时间紧（8月9日接手任务，离促销结束仅剩20天）、难度大（平均每人推荐3名学员，非常有挑战性） 3. 感觉任务难度大，努力试试看 A（行动） 第一步，8月9日，梳理前期同事沟通情况。5位客户有推荐意向，2位尚未答应推荐。决定结合忠诚客户采访活动推进活动角色彩，并准备了小礼物 第二步，8月10日到11日，和7位客户进行了第一次沟通，尤其对2位未答应推荐的客户，把重点放在采访上，对促销活动策略提了一下 第三步，8月12日到13日，向7位客户征求采访稿的反馈，并跟进5位答应推荐的客户的推荐情况，另外2位客户也答应推荐 第四步，8月13日到16日，7位客户中的6位客户共推荐了11人，与11名准学员沟通介绍课程，并促成其中7人缴费 第五步，8月17日到20日，为降低客户推荐难度，让客户引荐同学员，并主动沟通。截止到8月20日，共达成了15人。至此7位客户都有了推荐，重点跟进完成2个推荐的客户。截止到8月29日，7位老客户共推荐18人 第六步，向已缴费的学员介绍"推荐有礼促销活动"，期望找到新的突破点，做最后的冲刺。其中4位学员推荐，有3人推荐了5名学员 R（结果） 直接结果：7位老客户共直接推荐和间接推荐23名学员，超过了21人的既定目标 后续影响：增进了和客户的感情，为老客户转介绍积累了可借鉴的经验	一、目标/标准 老客户转介绍，重点客户平均转介绍3名新学员 二、步骤/流程 1. 策划新触点：选定目标老客户，分析其特征，有针对性地选择适用、精致的趣的非商业活动作为触点，策划客户感兴趣的非商业活动作为触点 2. 忠诚客户验证：选择2~3位忠诚度高的老客户进行验证，并寄送代活动方案 3. 一对一联系老客户邀请参与活动"推荐有礼促销活动"，并寄出小礼品 4. 选择恰当的时机向客户介绍（推荐时机得分4分以上的客户） 5. 分类跟进（转介绍客户分类策略：答应推介的客户、犹豫的客户、推脱的客户） 6. 促进被推荐学员缴费（促单跟进策略表） 7. 促进缴费学员转介绍（转介绍分类策略） 8. 每日复盘 三、工具/方法 活动策略表、推荐时机分析表、转介绍分类策略、客户转介绍意愿度分析表、客户采访问题表、促单跟进策略工具、日复盘工具 四、成功关键 1. 策划客户感兴趣的活动，淡化商业味道，形成和客户的自然触点联系 2. 认真研究客户特点，针对性地选择小礼物激发客户兴趣，并根据反馈选代方案 3. 活动方案推出前要找2~3位忠诚度高的老客户验证，并降低客户转介绍难度 4. 工作向前延伸，让客户自荐，由专业顾问促单，降低客户转介绍难度

反思过程模块是项目复盘画布四个模块中内容最多的一个模块，在实际复盘的时候，需要留出充足的时间，确保能够引导项目团队深挖项目细节。

常见问题和复盘技巧：

反思过程，魔鬼藏在细节中，一方面要死磕细节，深入反思；另一方面要重构有效的做法。因为其中有"魔鬼"，所以复盘的过程非常有可能遭遇阻碍，让反思流于形式，让复盘变得无效。

第一，避重就轻有防卫。

反思过程最经常遭遇的障碍是避重就轻，尤其在复盘不足项时，复盘对象出于习惯性防卫往往会刻意回避自身问题，也不愿意说出他人和组织的问题，担心得罪人。

笔者曾为一家企业做"双 11"大促后的复盘。这个项目出现了上百起客户投诉和退款事件。当笔者问起究竟是哪里出现问题时，团队成员说："我们的预售、超级秒、品类冲锋、巅峰秒、爆款返场、客服回复等每个环节都已经做得很好了，可以说这次大促我们打了一场很漂亮的仗。"

那么，客户投诉和退款问题到底是什么原因导致的？大家却面面相觑，不愿意表达。后来在复盘教练的一再引导下，才有人说出原因。原来是供应链配送和库存出现了问题，负责这个板块的是老板的外甥。

继续回溯又发现，之前的"618"大促也出现过同样的问题。销售端冲得很猛，给了客户很多承诺，供应链上却掉了链子。事后老板要求每个部门都要从自身去找原因，这又被大家解读为老板在刻意护短。

可见，对不足项的深入复盘，一要勇气，二要能力。勇气是指愿意主动暴露自己的问题和短板，这需要开放的心态和意志，同时要客观地揭示其他人、其他部门、整个组织的问题和短板，这需要理解和包容的善意；能力是指具备分析不足，能精确找到不足的能力，这需要能够着眼全局和系统，从细节中发现和挖掘深层原因的能力。

应对防卫之下的避重就轻的关键是**营造安全场域**。

要让项目团队愿意讲真话，敢讲真话，关键是要打造安全的场域，这里介绍三种营造安全场域的方法供复盘教练借鉴。

第一种，管理者要以身作则。

提前与管理者沟通，在反思过程环节让管理者主动反思及揭示自身问题，通过管理者的垂范，奠定开放的、从自身找问题的基调。

第二种，使用"负转正"的语言方式。

同样的内容不同的表达会产生不一样的效果，强调不足即机会，在话术上做调整，比如将"我们存在的不足有哪些"改为"我们可以提升的机会有哪些"，将"这个结果反映出我们的项目过程存在着什么问题"改为"这个结果在提示我们项目过程中需要注意什么"等。当然，语言的使用只是一方面，开放积极的肢体语言，亲和共情的语音语调，复盘对象对教练的信任度，这些都无时无刻不在影响着场域。

第三种，制定并遵循激励发言的规则。

在前两种方法的基础上，每找到一个不足，每贡献一条有效建议，参与复盘的成员可获得个人积分及奖励，管理者可以以此来鼓励大家表达。

第二，反思短路不深入。

反思短路不深入是指分析过程浅尝辄止，没有找到真正不足的做法是什么。表 3-21 展示的就是某销售团队对上月的销售工作的复盘。很显然，这样泛泛而谈式的反思说服不了他人，还很容易引发大家的质疑。

表 3-21　复盘不足案例反思 1

事项	不足的做法	结果与影响	改进的做法
促销效果不佳	选品不到位 价格无优势	销量低	改进选品 重新定价

针对这种现象，复盘教练可以采用"**精准四问**"，引导大家深入反思，刨根问底，探究细节。

"**精准四问**"包括问目标、问策略、问过程和问规律。很显然，这个提问逻辑脱胎于项目复盘画布的四个模块，是对项目的四大核心问题的精准检核。即便是缺少提问技巧的人，只需要按照这个提问框架提问，也可以帮助复盘对象发现项目问题，找到改进点。以表 3-21 中"促销效果不佳"这一不足项为例，我们一起来看一下"精准四问"的具体使用。

第 1 问：问目标。

针对促销分别制定门店及个人目标了吗？

门店及员工对目标清晰且有共识吗？

第 2 问：问策略。

在目标清晰的情况下，有清晰的实施促销的方法及路径吗？

管理层及员工对促销方法和路径的清晰度、掌握度有考核吗？

第 3 问：问过程。

在实施促销的过程中，对门店和员工进行过程实施督导管理了吗？

督导的周期、形式是什么？是否对督导情况进行了及时反馈？

第 4 问：问规律。

这种现象是否在过去的其他场景下发生过？

实施促销的员工的平均绩效水准评分各是多少？平均分是多少？（以 5 分为最高分）

实施促销的员工的哪些能力缺失导致这个不足的发生？

通过"精准四问"，销售团队对真正影响促销效果不佳的原因有了明确的认识，并制定了相应的改进方案（如表 3-22 所示）。

从上面的案例可以看出，经过"精准四问"的探究，"不足的做法"可以非常清楚地呈现出来。当"不足的做法"呈现之后，与其对应的"改进的做法"也已经有了答案。如果复盘的不足项属于"人机料法环"多项要素交互的生产类复杂项目，也可以结合丰田的"5why"分析法[1]进行探究。

可见，反思深度需要刨根究底的精神和技巧来帮助复盘对象反思发掘。真正的问题先要被看见，才有机会被解决。

第三，要素表述不规范。

要素的表述很重要，表述不到位，容易出现理解偏差，导致行动偏差，还容易被理解为"甩锅"。比如，在"不足"栏看到"客户年后习惯性退货"，你会如何理解？笔者的理解是：年后退货是客户

---

① "5why"分析法，又名"5 问法"，指对一个问题点连续问 5 个（甚至多个）"为什么"，直到找到其根本原因。

表 3-22 复盘不足案例反思 2

事项	不足的做法	结果与影响	改进的做法
促销未达预期	1. 总部有要求，但没目标	与制定了促销方案的门店比，效果有巨大差异，促销业绩，促销区域倒数排在区域倒数第三	1. 明确门店及个人促销目标
	2. 有促销工具及形式说明，无培训指导		2. 制定促销方案
	3. 店长想做促销，但未制定整体促销实施方案		①方案包含工具、道具、物料，店长的动作和话术
			②方案确认后，管理层人员身先士卒，在门店带教使用方案内容，做现场演示
			③带教后，整理使用方案和现场实践，制作素材再次二轮培训店长，建立信心，管理层有实践，可落地
			3. 促销过程管理
			①选取门店，下达要求，若门店及个人不清晰促销目标，则应问责店长，通报批评
			②检查：通过门店监控，判定店长是否有所行动；通过走访市场，管理层间互联互通，判定店长是否确实行动起来
			③促销反馈，反馈促销的开展情况，填写门店引流后情况
			4. 结果指标
			①每次活动参与客户数量统计
			②添加企业微信数量
			③直接或间接让门店产生多少销量
			5. 促销常规化
			每周门店促销不得少于 2 次

———

① 金数据，一种在线表单工具，可帮助用户收集和管理日常工作中的数据，提升工作效率。

的习惯，感觉是将问题归咎于外。明明是找不足，可感觉是在找借口。这就是典型的表达不规范现象，这样的复盘结论是会被质疑和挑战的。

针对因素表述不规范，可以选用 5W2H1R 中的关键要素进行表述，让复盘的语言客观，没有歧义。亮点、不足、变化项、标杆的描述都可以用 5W2H1R 表述，如表 3-23 所示，即为修改前后的不同表述。

表 3-23　反思过程书写案例

反思过程	修改前	修改后	教练技巧
亮点	奖励创新	采用一对一门店销售业绩及业务创新挑战赛	探究具体的创新点
	传播平台多样	开发 4 类、20 家新的传播平台	从类型及数量上寻找平台规律
不足	客户年后习惯性退货	商品部对节庆后的大量退货情况，缺乏退货预案及应对机制，导致退货失控	规避将问题归咎于外探索对这种现象如何进行管理管控
	过于依赖外包单位的力量	我方只有外包单位协议，没有制定管理、督导沟通机制	引导思考从"依赖"变为"运用"外包力量的方法机制
	服务不达标	服务岗 5 米责任区卫生不及时清理，检核小组没有及时发现服务问题，导致评比被扣 6.3 分	挖到具体问题

（续表）

反思过程	修改前	修改后	教练技巧
变化项	由于新冠肺炎疫情，门店来客数量少，影响销量	门店针对新冠肺炎疫情后门店来客量少，缺乏应对机制	来客少是结果，做些什么可以改变这种现状
	备料3天	采购组未对供应商输出资料需求自检，并留充足时间，导致备料延迟3天	挖到延迟具体的原因
标杆	A区域	A区域公司运用"晨读＋政策知悉检核问卷＋执行手册"的方式，提升大节销售，排名跃居全国第一	明确标杆及标杆做法

清晰的表达加上有力的提问，可以帮助我们锁定影响目标达成的因素，为下一步采取行动奠定坚实的基础。

第四，重构做法不落地。

反思过程的亮点、不足、变化项、标杆中，凡是带"做法"及"行动"字眼的表格，都是关于下一步行动的结论，对行动具有指导作用，需要具体到"一看就会，一做就对"的程度。如果做法、行动泛泛而谈，其结果就变成"一看都会，一做就废"。

在一次课程开发项目的复盘中，复盘对象在课程开发亮点上总结出好的做法是"理论与实践相结合"。一位陌生拜访成功率非常高的销售代表在总结时，提到了"好的做法"是"要get（把握）到客户的关键点"。这种总结无法指引行动，属于"正确的废话"。

总结做法和行动时，人们有惰性也有惯性，因此需要给出具体的要求，结合工具帮助大家整理提炼，指引行动。简而言之，就是套用模板。

如表 3-24 所示，就是我们前文提到的反思亮点中的"好的做法"、反思不足中的"改进的做法"、反思变化项中的"新的做法"、反思标杆中的"启发与行动"时多次用到一个小工具。

表 3-24　反思过程中的行动模板

模板框架	填写说明
1. 目标 / 标准 / 依据	明确行动前的目标及标准
2. 步骤 / 流程	每一步先有目标，再用"方法 + 动宾"结构表达行动步骤与要领
3. 工具 / 方法	列举工具名称，方法要提炼具体操作流程
4. 注意事项（成功关键）	说明误区、风险、可能出现的问题，以及应对措施（或针对亮点萃取时提示要关注到的关键把控点）

避重就轻有防卫、反思短路不深入、要素表述不规范和重构做法不落地是项目复盘反思过程环节最常见的四类问题。复盘教练要提前对此有所预判，要有足够的耐心引导大家深入反思，确保把深藏在细节中的魔鬼挖出来。当然，深入的反思过程是富有挑战性的，人的心智成长也是有过程的，复盘教练在促动项目伙伴取得进步的同时也要理解和包容其不足。

3.5.4　第四步，总结规律，聚焦、简化、复制

什么是规律？规律就是做人、做事的指导性原则。一旦规律被总结提炼，整个复盘就将得以升华，人们对项目的认知理解将提升到新高度，心智模式也将得以更新升级。所以，总结规律是复盘成果的沉

淀和升华的过程。

总结规律要遵循聚焦、简化、复制的原则，从项目的目标出发，聚焦关键策略、环节和动作，进行简化，然后复制。

比如，电视剧《我的兄弟叫顺溜》中的二雷是一名神枪手，营长让他给大家传授射击经验。憨厚的二雷摸着头说："我就是跟我爹打獐子，你们知道它可难打了？呃……还有，我每天晚上看蚊子……"大家听得一头雾水，不明所以。

营里有个叫翰林的政委，是个文职人员，对于用枪并不擅长，但通过与二雷反复沟通和复盘，最后总结出了射击的规律："敌人上山时，瞄准头部，正好打中胸膛；敌人下山时，瞄准腿部，正好打中胸膛。"这就是通过聚焦于瞄准这一关键环节，简化为两句口诀，从而得出可复制的规律。

总结规律的步骤与话术：

复盘画布上总结规律部分由两部分组成，上面是总结做人、做事的规律，下面是项目复盘后对行动的迭代。

总结规律部分有三栏（见表3-25），从左到右层层递进，回顾整个复盘过程寻找顿悟时刻，从中总结出规律，并在行动中实践及应用。

表3-25　总结规律

顿悟	规律	行动改善

总结规律可以按照洞察人事、探询感受、浮现规律和付诸行动四个步骤进行，具体流程如图 3-7 所示。

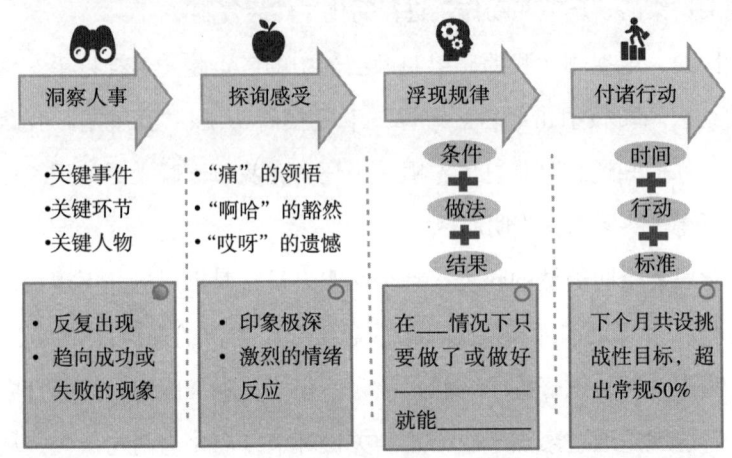

图 3-7　总结规律流程图

洞察人事，即回顾项目复盘中关键事件 / 环节 / 人物出现的趋向成功或失败的现象。

探询感受，即感知关键事件引发的内在情绪反应。通常在激烈情绪的状态下，比如重复出错时的领悟，破解了迷惑时的豁然，悔不当初时的遗憾，这些关键时刻都是顿悟出规律的时机。

浮现规律，即结合前面的洞察人事和探询感受，按照"在＿＿＿＿＿＿＿＿＿＿情况下，只要做了或做好＿＿＿＿＿＿＿就能＿＿＿＿＿＿＿"的句式，提炼总结规律。

付诸行动，即按照"时间 + 行动 + 标准"的格式，将规律应用到后续的工作场景中。

总结规律的过程，复盘教练仍然按照"回顾—反思—重构"的逻辑进行引导，具体话术如表 3-26 所示。

表 3-26 总结规律的教练话术

流程环节	教练目的与话术
导入	**介绍总结规律的流程与重要性** 经过前面三个步骤的复盘，我们有了许多新的发现和认知，接下来进入总结规律环节。我们将回顾项目和复盘过程，分别总结出"做人"和"做事"的规律。一旦规律被总结提炼，整个复盘就将得以升华，对项目的认知理解将提升到新高度，心智模式也得以更新及迭代
回顾	**1. 回顾做事的顿悟** 回顾项目及复盘过程中反复出现的趋向成功或失败的现象有哪些 关于项目的"苹果时刻"有哪些 这些现象和"苹果时刻"带给你的感受是什么 **2. 回顾做人的顿悟** 回顾复盘中由于自身及团队盲点和模式反复出现的问题或现象有哪些 关于自身及团队盲点和模式的"苹果时刻"有哪些 这些现象和"苹果时刻"带给你的感受是什么
反思	**1. 反思做事的规律** 在项目复盘中，哪些事只要做了或做好，就能带来的正向结果；这些现象是在什么情况下 / 什么条件下发生的，发生频率如何；谁有相同经历 高频事件的发生说明了什么 这件事是偶然还是必然？总结成规律，应用"在……只要……就……"如何表达 在项目复盘中，哪些事只要没做或没做好，就会带来的负向结果；这些现象是在什么情况下 / 什么条件下发生的，发生频率如何；谁有相同经历 高频事件的发生说明了什么 这件事是偶然还是必然？总结成规律，应用"在……只要……就……"如何表达 **2. 反思看到的自身及团队盲点或有效模式带来的启发** 复盘中发现的盲点或有效模式可能带来的影响是什么；这些现象是在什么情况下 / 什么条件下发生的，发生频率如何；谁有相同经历 高频事件的发生说明了什么 这件事是偶然还是必然？应用"在……只要……就……"如何表达 复盘中发现的盲点或有效模式可能带来的负向或正向影响是什么 这些现象是在什么情况下 / 什么条件下发生的，发生频率如何；谁有相同经历

（续表）

流程环节	教练目的与话术
反思	高频事件的发生说明了什么 这件事是偶然还是必然？总结成规律，应用"在……只要……就……"如何表达
重构	**1. 做事规律形成制度、流程、工具** 根据所提炼的项目规律，如何在制度、流程、工具上进行迭代改善 **2. 做人的规律形成自我及团队成长计划** 根据项目复盘及"苹果时刻"，在自我及团队成长发展方面有哪些具体的行动计划

表 3-27 所展示的就是复盘实践中的案例。某销售团队针对门店季度销量进行复盘，在总结规律环节，顿悟来自回顾项目复盘中刺心的 139% 的数据差距，总结出"氛围就是生产力"的规律，最终制定了一系列有关陈列的具体做法。

表 3-27　总结规律案例

顿悟	规律	行动改善
陈列布置出色的区域门店销量相较氛围差的区域高 139%	氛围就是生产力	1. 针对陈列布置，制定团队认同的激励措施并及时兑现 2. 设计陈列布置方案，跟进执行，如情话告白、战前祝酒、燃爆氛围等 3. 打造陈列布置创新大赛，收集优秀案例，并在区域内分享

总结规律之后，就进入行动计划的部分了。经过前面的复盘，下一步的行动就清晰明了了（如表 3-28 所示）。

表 3-28 行动计划

停止的行动	继续的行动	开始的行动

行动计划的三个模块是一个行动计划迭代工具，简称 SCS，可以归纳总结后续的行动迭代。

stop doing（简称 S），停止的行动：不足的做法（需要进行归纳）。

continue doing（简称 C），继续的行动：亮点的做法。

start doing（简称 S），开始的行动：不足改进的行动项，防范、应对、管理变化的行动项，标杆的借鉴与应用的行动项，基于规律的行动应用项等。

行动计划部分的复盘的话术及提问，如表 3-29 所示。

表 3-29 行动计划的教练话术

流程环节	教练目的与话术
汇总下一步行动计划	**汇总复盘后的行动计划** 停止的行动就是不足项 继续的行动就是亮点项 开始的行动就是不足改进项、变化管理项、标杆借鉴项、规律应用项

（续表）

流程环节	教练目的与话术
关闭	经过大家的共同努力，我们终于形成了关于这个项目的复盘成果，我们的结论是，关于目标我们的反思及重构是……，关于策略我们的评估结论是……，反思重构是……，反思过程我们认为影响目标达成的因素分别是亮点……，不足……，变化项……，标杆……，最终我们萃取了……亮点将在下一步验证推广，聚焦……不足进行改进，对……这些变化进行管理管控，同时借鉴应用……标杆。最后，我们总结出做事的规律……做人的规律……，这些规律我们将在未来的具体工作中加以实践及应用。我们将在下一步采取的行动项分别是停止……，继续……，开始……。为我们的成果，请大家给予热烈的掌声，再次感谢大家积极参与及表达

常见问题和复盘技巧：

总结规律的环节做得好，容易激起强烈的思维震荡，引发心流体验，让认知升级。然而，把握不好也容易泛泛而谈，流于形式，或者把偶然现象当作了规律。下面，大家一起来了解一下总结规律的"坑"有哪些，以及如何应对。

第一，仅仅停留在道理，没有落实到行动。

很多人项目做好了，却不知道哪里做对了；心里很清楚怎么做，但总结起规律，就像茶壶里煮饺子倒不出来。这就像《我的兄弟叫顺溜》里的二雷，面对要总结的规律不知道从哪里切入。总结规律不是拍脑袋、拼词汇和引用名人名言；不是把规律总结过程变成自己和团队的鸡汤调制现场，只有一时激动，复盘后却不动。

面对这样的复盘现象和对象，复盘教练要有政委翰林的几把刷子，深化行为改善，帮助其有步骤、有结构地完成总结提炼。

某次项目复盘，复盘对象在顿悟环节感悟项目缺乏过程管理目标，总结出"没有过程管理指标，管理者将无法对目标进行及时管控止损"（见表3-30）的规律。当复盘教练提出如何将规律运用到工作中时，复盘对象不假思索地回应"我将来一定要做个有目标感的人"，引起全场哄堂大笑。

大家笑，是因为大家都知道问题所在，复盘对象的确认识到了过程管理的重要性，但由于没有具体行动，没有承诺行动，最终一定会不了了之。

表3-30　总结规律案例梳理1

顿悟	规律	行动改善
在复盘项目总目标及策略目标时，发现只有业绩指标而没有过程指标，数据滞后，无法及时调整销售策略，导致目标管理失控	没有过程管理指标，管理者将无法对目标进行及时管控止损	我将来一定要做个有目标感的人

规律的力量在于转化为行动进行实践及应用，行动力的产生需要推动力。针对上面的案例，复盘教练可以通过强有力的提问，将规律转化为行动，将行动转化为结果。

将规律转化为行动的问题：

关于这个规律，可在哪些场景中运用？

具体做法是什么？

将行动转化为结果的问题：

在工作中运用此规律，会带来什么结果？会有何不同？

如何让结果变成现实? 关键点是什么?

表 3-31 就是在复盘教练的提问下, 由复盘对象梳理出来的具体行动。这样一来, "没有过程管理指标, 管理者将无法对目标进行及时管控止损" 这条规律就不再是停留在口头上, 而是被更多团队付诸实践, 最大化地发挥规律的价值。

表 3-31　总结规律案例梳理 2

顿悟	规律	行动改善
在复盘项目总目标及策略目标时, 发现只有业绩指标而没有过程指标, 数据滞后, 无法进行及时调整销售策略, 导致目标管理失控	没有过程管理指标, 管理者将无法对目标进行及时管控止损	1. 本周召集三个团队, 对目前正在开展的项目的目标重新进行梳理 2. 明确指标完成时间及定期跟进完成情况, 低于进度须制定措施改善 3. 每一项指标明确负责人, 对结果负责

第二, 错把偶然当作必然, 总结出守株待兔式的规律。

总结规律固然重要, 但规律是否成立需要大量实践, 反复验证, 不然就会出现错把偶然当作必然, 总结出守株待兔式的规律的情况。

项目复盘中经常也会遇到这种情况, 复盘教练可以通过以下提问引导大家进行反思, 这到底是偶然还是规律。

这件事是在什么情况下 / 什么条件下发生的?

此类事件发生频率如何? 谁有相同经历?

连续几周的尝试都没有此类事件发生说明了什么?

这件事是偶然还是必然？

回答和反思完这些问题之后，大家可能很快就得出了答案，了解到该事件只是偶然绝非规律，避免了守株待兔，误人误己。

3.5.5　第五步，开展复盘汇报会

至此，项目复盘的内容、数据、评价、结论、行动计划全部跃然于画布之上。然而，复盘并没有结束，复盘的成果需要被反馈、被共享、被应用，这也就进入了项目复盘的最后一个环节——开展复盘汇报会。

复盘汇报会的流程与工具：

复盘汇报会与传统汇报会不同（见表 3-32），它有特定的与会者，且有明确分工支持会议的开展及推进。

表 3-32　传统汇报会与复盘汇报会的区别

区别	传统汇报会	复盘汇报会
形式	个人汇报	团队汇报
与会者	领导	领导 + 相关团队
反馈方式	领导点评	领导 + 相关团队共同反馈
管理者角色定位	指挥官，点评官	教练，支持者
反馈方向	侧重点评，告知汇报人该如何做	侧重提问，引导汇报人学习，反思，产生行动

复盘汇报会邀请领导及相关团队到达现场，倾听、反馈、共享、共识复盘成果。复盘汇报会一般分为三个步骤。

第一步，小组汇报。小组代表进行汇报，一般为 15 分钟。

第二步，评委质疑。小组全体伙伴一起上台，接受评委提问，并安排专人记录评委的问题，一般为 15 分钟。

第三步，评委评分。评委根据汇报及互动情况对小组复盘成果做出评价，90~100 分说明复盘成果非常理想，几乎不需要修改即可应用于实践；60~89 分说明复盘成果需要做出进一步完善；60 分以下说明复盘成果存在较多问题，需要重新复盘。表 3-33 即为复盘汇报会评分表。

表 3-33　复盘汇报会评分表

一、温馨提示			
1. 每组有 15 分钟汇报时间，评委提问时间为 15 分钟			
2. 请提开放式问题，尽量少给答案			
3. 每次只提一个问题，待汇报者回答完一个问题后，再提下一个			
4. 针对行动方案本身提问题（如数据的来源、目标的量化等）			
5. 不打击，不否定，只对方案内容提出改善建议和参考措施			
6. 复盘汇报会并非工作汇报会，请勿对汇报人的日常工作做评价			
二、评价维度（满分 100 分，90~100 分为优秀，方案可执行；60~89 分为合格，方案需要部分整改；0~59 分，方案需要大幅度整改或重做）			
评价维度		评价说明	得分
回顾目标 20 分	原目标设定（5分）	目标设定清晰、合理 成果有数据、有依据	
	目标纠偏（15分）	能说出目标设定存在的问题 修、补、重定的目标清晰、具体，符合未来工作要求	

（续表）

评估策略 30分	原策略 （10分）	抓住工作核心，主次清晰，不拘泥于方法，有创新 各项策略目标清晰、具体 过程有监督，跟进制度/动作明确	
	策略复盘 （20分）	能说出策略存在的问题 修、补的策略及目标清晰、具体、符合未来工作要求 策略评估标准、依据客观公正（做到有事实、有数据、有依据）	
反思过程 30分	分析判断 （10分）	识别亮点、不足、变化项、标杆有依据，精准聚焦	
	行动方案 （20分）	包含目标标准、步骤流程、工具方法、行动计划等要素 行动方案具体、可落地	
总结规律 20分	反思自我 （10分）	勇于剖析自我（个人及团队），发现盲点，并制订具体落地的自我（个人及团队）发展计划	
	处事规律 （10分）	善于洞察，能总结出成功失败的规律，并有规律应用的计划	
汇报团队		总分	
评估人		建议：	

复盘教练的六大担当：

一场成功的复盘汇报会应该是有成果、有收获，又有温度、有氛围。复盘教练的作用非常重大，他要同时关注复盘对象的左右脑需求，发挥出六大担当的价值，如图 3-8 所示。

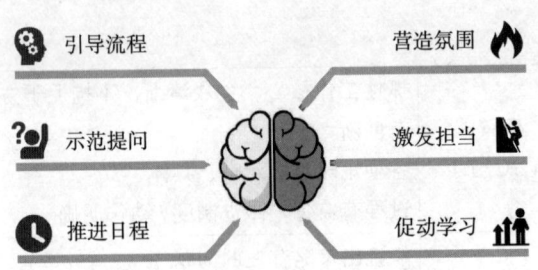

图 3-8 复盘教练的六大担当

引导流程：汇报前引导项目团队厘清汇报重点，引导评委组关注反馈重点，汇报中把控进度进展，汇报后引导团队对复盘报告进行修改完善。

示范提问：引导评委组坚守"告知引发争辩，提问引发思考"的原则，进行有效反馈、提问及相互探询。

推进日程：把控会议节奏，平衡时间和效果，有序推进复盘汇报会。

营造氛围：针对焦点话题，引导团队间开展良性的讨论而非恶意争辩，促进共识的产生，避免批评打击，营造出开放、轻松、学习的氛围。

激发担当：支持团队厘清权责、分工，引导团队在争取资源及支持的同时主动担当。

促动学习：汇报中引导团队间相互交流，分享学习。

六大担当是项目复盘汇报会中，作为复盘教练需要发挥的重要作用，是复盘教练综合能力的集中体现，需要不断地修炼。

3.6　项目复盘的典型应用场景

项目复盘，是应用场景最多的复盘方法，具体而言，最常用的场景有三个，分别是项目定期复盘、部门定期复盘和战略年度复盘。

3.6.1　项目定期复盘

项目定期复盘是项目复盘的最核心应用场景，本章的阐述都是围绕这一场景展开的。无论是项目的阶段性复盘，还是项目的总复盘，都可以采用项目复盘的方法论，这里不再赘述。

3.6.2　部门定期复盘

无论是业务团队，还是机关部门，其年度 KPI、关键事项等皆可以通过项目复盘的方法论来推进。一般小团队以周为单位复盘，大的部门或事业体以月度为单位通过听取各二级部门的复盘汇报进行复盘，季度和年度复盘在方法上和月度复盘完全一致，只是复盘的周期变长了而已。

3.6.3　战略年度复盘

战略复盘听上去似乎很吓人，其实战略向下分解之后会演变为各部门及业务单元的 KPI、关键事项，所以战略年度复盘其实就是各部门年度复盘的统合，可以采用各部门独立或一起的方式先进行年度复盘，再统一汇报。

项目复盘借助项目复盘画布，按照画布流程复盘，更容易获得有效的复盘成果。复盘过程中最难之处是让复盘对象能够有触动有顿悟，让反思有方向有深度，真正实现借事修人，让复盘对象对自身心智模式有深入的反思。这就需要复盘教练进行系统、换位、换框思考，创建信任、开放的场域，辅以强有力的促动提问，激发团队的力量复盘，而这些教练能力及技巧是复盘教练要长期修炼的功课。

更多项目复盘的内容，可扫描下方微信二维码观看项目复盘微课、项目复盘画布的使用。

项目复盘微课

项目复盘画布二维码

本章复盘：智慧火花，精彩再现

回顾：本章让我印象最深的三点

_____

_____

_____

反思：此时此刻，我的感受和启发

_____

_____

_____

重构：我将做出改变的一点

_____

_____

_____

老石寄语

高手盯目标，低手盯问题；

高手先找方法再行动，低手先行动再打补丁；

高手总结规律，低手惯于经验主义；

高手"吃一堑长一智"，低手"好了伤疤忘了疼"；

高手和低手只差两个字——复盘！

第 4 章

行为反馈复盘，走出舒适区

胜则举杯相庆，败则拼死相救。

——任正非

无论是个人，还是团队，要想突破现状，有所作为，就必然要面对走出舒适区的挑战。走出舒适区则意味着我们需要与过去的无效行为诀别，发展出新的应对挑战的能力。然而，人莫知其子之恶，莫知其苗之硕，人性的盲点让我们很难看清自己身上的不足和待发展的能力，所以我们需要一面镜子——他人的行为反馈，帮助我们走出舒适区，拥抱挑战，成就自我，成就团队。

今天，不少组织已经认识到行为反馈对组织发展的重要性，通过绩效面谈、民主生活会等方式实施行为反馈。然而，从大量组织的反馈情况来看，其结果并不理想。究其原因，大多数组织不懂人要走出舒适区所要面对的恐慌与不安，缺少有效的行为反馈的方法；不明白行为反馈复盘本质上是在跟人的缺点做斗争，特别容易引发习惯性防卫；只是顺其自然地实施反馈，其结果最终演变成一场自娱自乐。

如何有效地做好行为反馈复盘？如何帮助个人走出舒适区？如何提升团队效能？如何提升组织战斗力？本章将从组织在实施行为反馈时普遍存在的"四大痼疾"入手，进而给出一套有效开展行为反馈复盘的方法——鱼缸会议，帮助组织发展个人效能，提升团队协同，打造组织一致性，塑造阳光简单的组织文化。

4.1 行为反馈的"四大痼疾"

就组织发展而言，行为反馈的重要性毋庸置疑，然而大量组织的行为反馈为什么失效了？经过广泛交流，笔者发现，是"四大痼疾"直接阻碍了行为反馈的有效实施。

4.1.1 目标不聚焦，泛泛而谈

导致行为反馈无效的一个重要原因，就是大多数组织的行为反馈缺少明确且聚焦的目标。无论是对个人反馈，还是给团队反馈，如果目标不聚焦，反馈者就不清楚为什么要反馈，反馈能起到什么作用，反馈的标准是什么，最终造成反馈时想到哪儿说到哪儿，反馈了一大堆，都是泛泛而谈。

通常企业管理者召开会议让大家相互提提建议，初衷都很好：有的想要推进工作，有的想要培养员工主动观察的意识，有的想要提升团队协同能力，有的想要借机会增进团队的了解。应该说，目的是有的。但目的之下的目标是模糊的、不聚焦的。没有明确且聚焦的目标，反馈内容就会极度发散，鸡同鸭讲，云遮雾罩。这在反馈开始前，就已经注定了反馈的无效。以广泛开展的民主生活会为例，其目的是通过反馈帮助干部成长，但目的之下再无明确且聚焦的目标，于是反馈就变成了德能勤绩全覆盖，工作生活无死角，其结果必然是泛泛而谈。

4.1.2 反馈不客观，主观评判

我们都知道，反馈要实事求是，但实际做到并不容易。相比于讲事实，我们更习惯于讲主观评判。比如，"你的业绩太差了""你的管理太混乱了""你做事总是抓不住重点"。诸如此类的评判是不是耳熟能详？为什么会这样？

这是因为，人们太善于做评判了。相对于讲述事实，评判来得更为容易。一旦评判，最终结果就会落在两个方面：好或者不好。人们

的评判标准被无意识的标准左右，失去了对真相的还原，口口声声说着"对事不对人"，实则却变成了"对人不对事"，甚至滋生了人身攻击。这样的反馈就背离了初衷。行为反馈只有针对行为本身——看到的、听到的、实际发生的，才是实事求是，才能有效。

然而，我们长期习惯于讲主观评判，甚至有事实依据的时候也会讲成主观评判。比如，反馈者说："这半年你的业绩总是不达标。"这听起来是在反馈事实了吧？其实不然，这还是主观评判。被反馈者也许内心在想："谁说我的业绩总是不达标？我也就三个月没完成业绩而已，部门的张三有四个月没完成业绩，你怎么不说他？还不是因为你不待见我，所以处处针对我。"

评判引发争辩，哪怕是内心的争辩，也会阻碍倾听，让反馈变得无效。事实则不会引来争辩。比如，反馈者说："过去的六个月，你有三个月业绩没达标，分别是 2、3、5 月。"既没有说业绩好，也没有说业绩差，反馈者只是在陈述一个事实，只要数据没有出入，被反馈者在这样的事实面前就无可辩驳。

这样的做法看起来似乎很简单，却和我们的习惯不一致，需要刻意地练习和复盘教练的干预。在企业里，随处可见以"事实"之名的评判表达，反馈如果不客观，就失去了应有的价值，变成了评判与辩护的交锋。

4.1.3　标准不清晰，轻重失当

由于大多数组织的反馈标准不清晰，行为反馈经常趋于以下两个极端。

第一个是隔靴搔痒。

所谓隔靴搔痒，是指明知有问题，却不直接表达，大家都走走形式、做做样子。很多企业开展批评与自我批评时，常会看到流于形式做样子、隔靴搔痒的场景。大家面对面坐着，彼此心照不宣，给的建议听起来不痛不痒，甚至像是在夸耀对方的功绩，完全没有"红红脸、出出汗"的效果。

员工不敢坦诚地给领导提意见，怕被"穿小鞋"；领导不愿真诚地给平级提建议，怕面子上过不去，结果就是台面上"你好，我好，大家好"，一场会开下来，心平气和，全无波澜，真正的问题没有被暴露，反馈流于形式，浪费了组织的资源和人力。久而久之，这样的会议越发没有人愿意参与了。

第二个是用力过猛。

用力过猛让批评走向了另一个极端——为了批评而批评，轻内容上的"准"，重形式上的"狠"，搞人人"过关"。结果搞得人人自危。这种做法缺乏对人的基本尊重和信任，缺乏团队的赋能，缺乏反馈时的可行性建议，造成被批评对象被抨击。出发点也许是好的，但急于求成，忘记了人才是根本，最终心伤了，人散了，这才是最大的损失。

无论是隔靴搔痒，还是用力过猛，都是缺少反馈标准导致的轻重失当，都很难实现发展人、发展团队的行为反馈初衷。

4.1.4 环境不安全，防卫抗拒

行为反馈是要帮助当事人发现自身盲点，走出舒适区的。这对于当事人而言，无疑具有极大的挑战性。如果没有安全的场域、支持的氛围、信任的链接，当被反馈者接到的反馈与过去的认知不一致时，就会触发被反馈者的防卫机制，被反馈者会下意识地从外部找原因，内心开始为自己辩护，就像一只剑拔弩张的刺猬，再好的建议也听不进去了。

对于反馈者而言，说真话同样是具有挑战性的。如果没有信任和安全作为基础，就没有人愿意冒着得罪人的风险去做切实的反馈。

传统的反馈之所以经常流于形式，其根源就在于还没有建立团队间的信任。情感上尚未彼此接纳，就开始了反馈，其结果难免变成被反馈者内心抗拒，反馈者充满防卫。

"四大痼疾"让行为反馈变成了镜中花、水中月。那么，如何才能开好行为反馈复盘会议呢？我们需要打破传统，破解"四大痼疾"，以复盘理念为基础，引入有效的方法论，开好会，开对会，就可以有效地实现行为反馈。

4.2　鱼缸会议的"四有药方"

AACTP 行为反馈复盘是以 AACTP 复盘理念为基础，通过参与成员提出有利于组织发展和个人提升的观点和建议，对部门或者成员进行反馈，帮助当事人走出舒适区，获得提升的会议形式。由于被反馈的对象（人／部门）不能在反馈过程中发言，就像鱼缸中供人观赏的金鱼，因此这种会议又被称为**"鱼缸会议"**。鱼缸会议通过流程、事实、结构、氛围四个要素，有力地破解了传统行为反馈的"四大痼疾"，让行为反馈复盘有料又有效。

4.2.1　有流程：聚焦目标不瞎扯

目标不明，反馈为零。破解之法也很简单，与缺乏清晰目标的传统反馈不同，鱼缸会议给出了清晰的复盘流程，让参与者时刻围绕目标进行反馈，实现了反馈聚焦。鱼缸会议流程共分为五步（如图 4-1 所示）：导入—"入缸"—反馈—承诺—关闭，步步紧扣目标反馈。

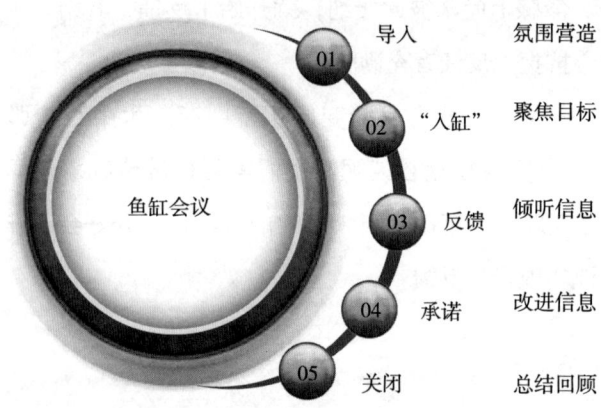

01	导入	氛围营造
02	"入缸"	聚焦目标
03	反馈	倾听信息
04	承诺	改进信息
05	关闭	总结回顾

鱼缸会议

图 4-1　AACTP 鱼缸会议流程

第一步，导入。复盘教练介绍会议规则，营造开放、坦诚、相互支持的氛围，让大家敢于就团队的现状和与目标的差距进行反馈。

第二步，"入缸"。坐在半圆中心的"鱼"就是每一轮反馈的对象，确认本次反馈的团队目标和"鱼"的角色，让"鱼"和反馈者都能进入角色。

第三步，反馈。反馈包括正反两个方面，每个反馈都要基于行为对目标的影响进行，不盲目追求质疑与建议的数量。复盘教练带领反馈者每轮只聚焦一条"鱼"给出反馈，并围绕上一步已经明确的组织目标达成依次给予反馈，帮助"鱼"看到自己的能力表现和差距。"鱼"认真倾听，复盘教练将反馈全部记录下来。

第四步，承诺。"鱼"就缩小目标和现状的差距，挑选自己要改进的关键行为，并向伙伴们做出承诺，建立心理契约。

第五步，关闭。当团队中的每个人都轮流充当了"鱼"或者被反馈的团队都已经接受了反馈，由复盘教练带领大家对会议的目标进行总结回顾。

鱼缸会议聚焦明确的目标，在复盘教练的引导干预下，五个步骤步步紧扣，团队成员依照流程有序反馈，破解了"目标不聚焦，泛泛而谈"的传统行为反馈"痼疾"。

4.2.2　有事实：针对行为不评判

评判对错是人的天性，而接受反馈的过程，对被反馈者而言，必须要经过一个自我否定的过程，需要有勇气克服恐惧。反馈者给被反馈者的是评判，就可能被误认为是借机攻击，引发被反馈者的对抗与争辩，鱼缸会议则不同。

鱼缸会议的反馈，不是针对个人的，而是针对系统的、面向组织的、关乎团队的。正如汉斯·罗斯林（Hans Rosling）在《事实》一书中揭示的那样，"寻找原因，而不是寻找坏人。当一件坏事发生，你不要立马做判断这是谁的错，而要去找事情背后的系统性原因"。

因为鱼缸会议聚焦的是团队目标，那么对人的反馈，就不是单纯找谁对谁错，而是回归事实层面来反馈行为和该行为给团队的目标达成带来的影响。事实不会产生对抗，评判才会带来争辩。鱼缸会议反馈的是针对行为事实的描述，给出的建议也是具体的行为。只有这样，"鱼"才能从反馈中看见自己的盲点，觉察自己的不足，从而产生走出舒适区的动力。

针对事实反馈其实是最简单直接的方式，鱼缸会议基于事实的反馈模式，帮助"鱼"建立了开放的心态，帮助反馈者创建了坦诚表达的基础，也在促进团队对彼此行为的相互关注，深化团队关系。因为反馈若要言之有物，就需要反馈者日常对被反馈者进行细致的观察。只有积累了大量的事实，才能在有效时间内把观察到的行为，通过语言组织有效地表达出来。一旦基于大量事实的反馈被反馈者接收到，一种被关注、被重视的感觉自然就会生发出来，团队的关系也会因此得以深化。

鱼缸会议基于事实，针对行为不评判的反馈方式，可以有效地破解"反馈不客观，主观评判"的传统反馈"痼疾"。

4.2.3 有结构：甜酸到位不扭捏

为了有效降低心理防卫，确保行为反馈的信息被接受，反馈的方式就非常重要。曾国藩说："劝人不可指其过，须先美其长。人喜则语言易入，怒则语言难入，怒胜私故也。"意思是说，劝人不要马上说出他做错的地方，而要先赞美他的长处，一个人在开心时比较容易接受他人的劝说，愤怒时很难接受他人的建议。

鱼缸会议中有两类反馈：一类是反馈正向积极的行为，让人感觉"甜"，称为积极性反馈（BIA，B 代表 behavior，意为行为；I 代表 impact，意为影响；A 代表 appreciation，意为感谢）；一类是反馈不足需改进的行为，让人感觉"酸"，称为发展性反馈（BID，B 代表 behavior，意为行为；I 代表 impact，意为影响；D 代表 desired behavior，意为期待）。先甜后酸，符合人性需要地有顺序反馈，让"鱼"在"甜酸"交替中接受建议，才能发挥行为反馈的最大效用。

积极性反馈：给个"苹果"甜一下。

如果用一种水果来比喻，积极性反馈就是甜味的苹果。积极性反馈具体反馈方式举例如下。

积极性反馈

"水"：我看到你过去一个月每周都在周五晚上 7 点到 8 点组织小组线上复盘会议（B），让团队每个成员都聚焦于共同目标，保证了项目的进度（I），感谢你的投入，咱们继续保持（A）。

"鱼"：谢谢！

BIA 让表扬切实落地，先描述行为，可以让被反馈者（"鱼"）联想到当时的情景，感受到自己的行为真切地被看到了；再说影响，认同被反馈者，让他看到自己行为背后的价值，这里的影响可以是主观影响，也可以是客观影响，可以是直接影响，也可以是间接影响；最后说感谢，目的是鼓励被反馈者继续保持好的行为。

接下来，大家一起看几个正反对照的具体例子，理解一下泛泛表扬和积极性反馈的不同。

泛泛表扬：你工作真的很努力呀！年轻人体力就是好。

积极性反馈：看到你这个月每天都主动利用午休时间加班，交派的任务能提前两天完成，这样业务节奏都加快了，后面的伙伴也可以衔接好。我们看到了因为你的努力带来的效率提升，感谢你的付出。

泛泛表扬：你很勤奋呀，态度很端正。

积极性反馈：我发现你这段时间每天都在朋友圈打卡，三个月就看了十本书，怪不得你的知识面那么广，你真的是个勤奋的人！我们要向你学习！

发展性反馈：给个"橘子"酸一下。

如果用一种水果来比喻，发展性反馈就是酸味的橘子。发展性反馈具体反馈方式举例如下。

发展性反馈

"水"：我观察到，你在今天一小时的培训会议里至少两次拿起了手机做和课堂无关的事情，还中途出去了一次（B），致使我们小组被扣了2分；课堂一对一活动时你和搭档都没有演练（I）。希望接下来你把手机单独放起来，投入到学习中，为咱们挣回2分（D）。

"鱼"：谢谢！

给人建议的发展性反馈确实可能会让人有些不舒服，但这也是鱼缸会议的精髓，让一个团队真正敢说真话，能说真话，会说真话。孔子说："士有诤友，则身不离于令名。"BID 先描述行为，可以让被反馈者（"鱼"）不会认为他在被攻击，而是面对一个客观事实，降低了防卫；再说具体影响，让被反馈者真正意识到因为自己的行为给自

己和团队带来的麻烦和不良结果；最后给出非常具体的发展建议，也就容易让被反馈者接受。

需要强调的是，"给出非常具体的发展建议"这一点非常重要。如果建议不具体、不可行，被反馈者的行为可能就不会发生明显变化，也就不会达成反馈所期待的结果。

接下来，我们看几个正反对照的具体例子，理解一下传统批评和发展性反馈的差异之处。

传统批评：我觉得你很懒惰！

发展性反馈：我观察到你已经连续一周每天迟到半小时，这让团队其他所有人不得不延迟开工，直接影响了工作进度。我希望，你从明天起，每天可以提前五分钟到，这也是对大家的尊重。

传统批评：你这次又没交周报，你真的太不应该了！下次不可以这样了！

发展性反馈：你这周没交周报，直接影响了我们小组的评分，让我们小组的排名下降了一名。希望你以后每周都按时提交周报，如果没有交，就给小组伙伴发一个 100 元的红包。

因为"橘子"入口是酸的，所以容易造成被反馈者的防卫。只有在给出的发展性行为带来的结果是"鱼"也很不愿意看到的结果时，"鱼"才会产生反思，产生对过往行为的重新认知；才可能有顿悟的发生，有行为转变的可能。加上反馈者给了"鱼"一个很容易落地的建议，甚至是别人已经践行过的很成功的方法，因而能降低"鱼"的启动成本，激发其建立新的思维模式，开启新的行动。

鱼缸会议中，两类反馈的顺序也很重要，先给积极性反馈，再给发展性反馈，让大脑做好准备，在"甜"的情绪后，能够更有利于接受"酸"的改进建议。

BIA 和 BID 给出了明确的反馈标准，既不会隔靴搔痒，又避免用力过猛，从而有效地破解了传统行为反馈的"标准不清晰，轻重失当"的"痼疾"。

4.2.4　有氛围：教练引导不伤人

正如行动学习之父雷格·瑞文斯所言，温暖必先于光明。鱼缸会议要做得到位，对"鱼"和"水"来说，都是一场挑战，而挑战必然要基于信任。所以，鱼缸会议过程中，复盘教练会着力通过三个关键点营造信任、支持和赋能的氛围。

第一，建立信任的氛围：团队有发展，个人有成长。

鱼缸会议在开始阶段，首先要明确团队目的，说明会议价值，聚焦个人认知提升，在根本上让双方建立链接，建立对话的基础，提出的质疑不上纲上线成为对"鱼"的个人否定，而是基于行为给出反馈，聚焦于"鱼"的自我成长，聚焦于促成团队共同目标的达成。

复盘教练随时保持觉察，发挥反馈者和被反馈者之间的润滑剂作用，在将团队焦点聚焦目标达成的同时，也时刻关注对团队信任的维护，不断激发大家的集体主义精神，营造信任氛围。

第二，建立支持的氛围：流程引导，人人参与。

鱼缸会议的整个流程是一个"发散—涌现—收敛"的结构。

每个反馈者对"鱼"逐一的反馈是发散的过程，每个人都有各自的分享反馈时间，保证参与度，也确保公平性，让反馈者站在自己的观察视角客观地给予"鱼"反馈，不同的反馈者彼此信息不干扰。

涌现过程是思维交织碰撞的过程，一轮反馈完毕可能激发新的分享，复盘教练可以引导大家在民主的环境中充分给予新的反馈，让"鱼"尽可能地收集信息。

收敛环节是"鱼"进行思路快速整理的过程，是对于反馈的闭环管理，通过分类和承诺，让"鱼"提升自我认知能力，促进自我反思。

相比绩效面谈的"单面镜"，鱼缸会议的反馈过程就是"多面镜"，人人参与，可以从不同视角给予"鱼"真实的反馈，是最快速的分享信息、收集信息、整合信息、处理信息、创建自我觉察的过程。

鱼缸会议的五个步骤是一一承接的，每一步都为下一步奠定了基础。复盘教练依据流程复盘，由浅入深，帮助"鱼"看清自己的行为对系统、组织的影响，激发所有伙伴都平等地参与到反馈中来，营造出为团队发展负责、为同伴发展负责的支持氛围。

第三，建立赋能的氛围：有力提问，深度激发。

鱼缸会议中的复盘教练，除了要把握进度、推进流程，还要营造氛围，无处不在，却又不成焦点，同时也要通过提问激发学员反思，为学员赋能。AACTP 认证班的学员曾经形容复盘教练的状态是"若有若无"，这个描述很贴切：当学员在顺利进行反馈时，复盘教练就是"无"的状态，保持记录即可；当复盘有卡点和反馈不精准、行动动作不具体的时候，复盘教练就进入"有"的状态，通过有力提问，激发学员的反思。

有力提问是复盘教练介入干预、保证反馈效果的有效手段。复盘教练的提问是中立的、开放的，不是评判的、问责的。一场好的鱼缸会议，过程中"鱼"的心情跌宕起伏，能觉察出自己的进步空间，"水"的心情则是殷殷关切，热忱助人，个体和团队都沉浸在被赋能的氛围中。

鱼缸会议在复盘教练的引导下，营造出信任、支持、赋能的氛围，破除了传统行为反馈"环境不安全，防卫抗拒"的"痼疾"。

鱼缸会议完全不同于传统行为反馈，其有流程、有事实、有结构、有氛围的"四有药方"恰好是传统行为反馈"四大痼疾"的解决方案。

4.3　鱼缸会议的实施流程

鱼缸会议的复盘小组规模以 5~9 人为宜，会议时间一般以 60 分钟左右效果最佳，图 4-2 展示的就是一个小组开展鱼缸会议的过程，复盘小组包括"鱼"、"水"、教练三种角色。

图 4-2　某行动学习项目鱼缸会议过程

"鱼"：被反馈者或者部门。一次会议中可以有多条"鱼"，先挑"大鱼"，再挑"小鱼"；先挑"关键鱼"，再挑"次要鱼"；先挑"难搞鱼"，再挑"安静鱼"。也就是说，有团队领导在场，优先让领导作为"鱼"，万事开头难，领导带个好头，也能让团队放下防卫；团队中有"刺头"，可以先对其进行反馈，难搞的"刺头"在场域中有感悟，更有利于其他成员放下防卫。"鱼"听取反馈的全程是不能发言的，需要认真倾听，最后再做出回应。

"水"：反馈者。一般是"鱼"的合作者，聚焦共同目标，因为发生过或者正在发生交集，方才有复盘，才能给出直接的行为反馈。反馈者的语言就像鱼缸中的"水"一样，自然有序地流过"鱼"的身体，泛起涟漪，拍打着"鱼"，帮助"鱼"成长。

复盘教练：激发"鱼"反思和引导"水"反馈的会议引导者。复盘教练能有效地促进复盘会议进行，是会议目标有效达成的关键人，可以是企业内部员工，也可以是外部顾问。复盘教练需经过专业训练，熟悉会议流程，懂得场域打造，关注反馈质量，适当干预推进，保证鱼缸会议目标的达成。复盘教练同时也是记录员，帮助"鱼"记录下"水"的反馈，最后交给"鱼"来做出行为承诺。

复盘教练究竟该如何引导才有效？需要把握好"导入—'入缸'—反馈—承诺—关闭"五个步骤。

4.3.1 导入：有氛围才有效果

好的开始是成功的一半。导入是第一步，为整个复盘奠定了基础，所以复盘教练一定要高度重视。首先，让团队成员围成半圆就座，在半圆正前方的墙壁上张贴鱼缸会议画布（如图 4-3），复盘教练介绍规则，明确不同角色需要遵守的规则、复盘会议的目标，营造出开放、坦诚、支持的氛围，为反馈奠定基础。

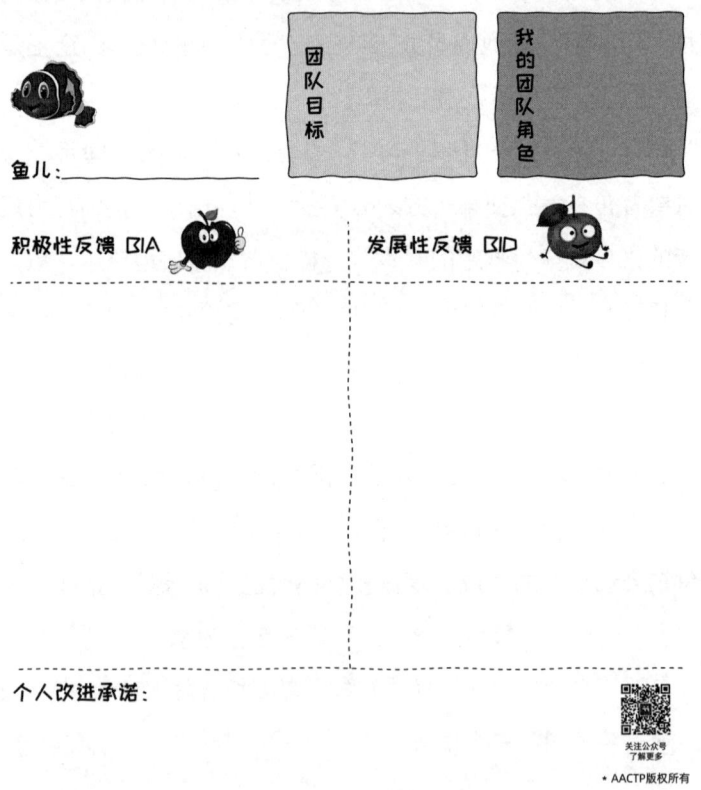

图4-3　鱼缸会议画布

导入环节，复盘教练要着力在团队成员之间、团队和教练之间，建立起良好的信任关系。安全、信任的场域是复盘的基础。以下为供复盘教练导入的参考引导语，如表4-1所示。

表 4-1　鱼缸会议导入环节流程与参考引导语

流程环节	参考引导语
邀请人员	**邀请小组参与对话** 欢迎大家参加本次鱼缸会议。大家一定很好奇：鱼缸会议是什么？这次会议的目的是什么？能带走什么？太好了，这就是我们想要探寻的。希望每个人通过在这次行为反馈复盘中的积极参与，能够从他人的角度去反思自己，得到提升自我的机会（也可以提前加入一些体验环节，包括个人自我认知的小游戏、测试或者破冰，增加大家对场域的感知，营造氛围）
亮明身份	**明确三种角色** 我的角色是复盘教练，你们的角色是……（"鱼" / "水"）
回顾目标	**说明这次共创的原因，和小组成员有什么关系，需要进行这次复盘的原因** 这次复盘的主题 / 目标是……（焦点问题） 关于这个主题，我们现在的情况是……，如果我们不立刻解决这个问题，就会影响到……（背景及原因），所以我们今天共同开展一次行为反馈复盘，来对……进行复盘，以便更好地推动目标的达成
目标共识	**确认参与者的理解，澄清主题** 关于这个问题，大家是否有不清晰的地方？问题中的概念，谁来给我们解释一下？有没有不一样的理解……（共识）
规则讲解	**会议流程、纪律、角色分工的讲解** 为了让复盘高效地进行，我们的讨论应遵循的原则有 5 个： 1. 以开放的心态接受反馈，把握学习成长的机会 2. 聚焦团队目标，基于组织绩效而非个人绩效反馈 3. 反馈工作中的具体行为，而非主观评判 4. 不回避负面行为，为团队伙伴的发展负责 5. 与会人员一律平等，所有人的观点都要记录下来
心理建设	**降低习惯性防卫** 你（"鱼"）听到的反馈有可能会让你感觉有压力，甚至不舒服，这都是很正常的，因为每个人的视角都是有局限的，所以他们给出的反馈也可能是不完整的。把这些信息收集过来，作为宝贵的礼物，先稳稳地接住，然后再慢慢筛选。相信这些礼物会帮助你看到不一样的自己，了解团队眼中的你是什么样子，只有团队间共享更多的信息，才能更加了解彼此 你们（"水"）要围绕目标给予"鱼"切实的反馈，真正的伙伴是为队友负责、为团队负责的，要相信你们的伙伴有智慧接受你们真诚的反馈，也有勇气来面对你们的建议。放下顾虑，做真正帮助队友的直言者，你们美好的初衷也一定会被他们感受到的

导入环节，通过邀请人员、亮明身份、回顾目标、目标共识、规则讲解和心理建设，让参与者有目标感，明确本次会议的目的，有动力参与其中；有角色感，建立自己与团队的关联；有规则感，愿意在复盘教练的引导下展开探索之旅。需要注意的是，开场要起到稳定军心、降低防卫的作用，否则非常有可能让复盘教练"翻车"。

"翻车"案例1：我看到团队最近出现了很多问题，今天我们来一场鱼缸会议，大家要畅所欲言，把你看到的团队的问题、想要说的话都要说出来。每个人都要说，不说清楚不可以离开，谁说得越多，就是越对大家好，不说或者不表态就是对团队不负责任，不敢说真话、实话的人不是这个团队需要的……

给教练"照镜子"：错误的教练行为是上来就先定了调子，像是要开展一场批斗大会，让参与者都战战兢兢的。复盘教练的本意可能是要鼓励大家多发言，然而不当的言辞让每个人都倍感压力，不敢多言。复盘教练要做的是聚焦目标，让团队围绕目标的达成反馈行为，而不是聚焦问题，让团队思考目标和现状的差距，进而解决问题。

4.3.2 "入缸"：有倾听才有觉察

复盘教练引导大家选出第一条"鱼"，邀请"鱼"进入半圆中心就座（如图 4-4 所示），做好接受大家反馈的准备。

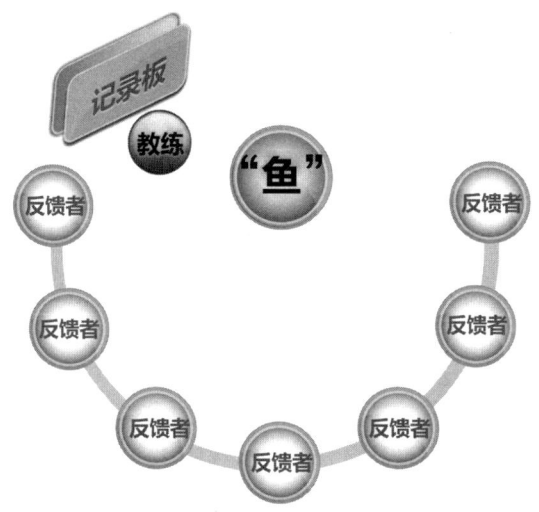

图 4-4 鱼缸会议"入缸"图示

复盘教练要提前为"鱼"做好心理建设，帮助"鱼"放下防卫，认真倾听，创建自我觉察，把握学习成长的机会。"入缸"的参考引导语如表 4-2 所示。

表 4-2 鱼缸会议"入缸"流程与参考引导语

流程环节	参考引导语
邀请"入缸"	**邀请第一条"鱼""入缸"** 马上我们就要开始反馈了，请大家放松心情，我们可以推选第一条勇敢的"鱼"来接受反馈（也可以采取指定或自愿的方式）。我们推选一位最有影响力的伙伴来当"鱼"，给大家打个样，开个好头。考虑到今天的反馈时间有限，只能有部分小伙伴作"鱼"，所以优先被反馈的伙伴一定是成长最快的那位……

（续表）

流程环节	参考引导语
明确标准	**帮助"鱼"进入倾听状态** 好，我们的第一条"鱼"已经到位了。我把名字写到画布上——"某鱼"行为反馈复盘。请注意，"鱼"在听取反馈的过程中，不能对话，不能澄清，只要认真倾听就好，而且要一边听一边觉察自己听到反馈时的情绪变化和心理反应，相信你会有不一样的发现。对每一个反馈，"鱼"用"谢谢"回应即可 如果觉得他人的反馈和你的自我认知不符，恭喜你，这正是你自我觉察的机会，你有新的机会建立新的认知了，可以尝试去理解为什么他人会给你这样的反馈
确认信息	**强化"鱼"的反应习惯** （对"鱼"说）我刚才说的内容清晰吗？如果可以的话，请你说一句"谢谢"，我们一会儿就要开始了（等"鱼"的反应，如果反应不对，就重复此步骤）
示范反馈	**反馈示范与纠偏** 1. 积极性反馈（BIA） "水"：过去一个月你每周都组织复盘会议，让所有人都聚焦我们的共同目标，感谢你的投入 "鱼"：谢谢！ 2. 发展性反馈（BID） "水"：过去一个月，你有三项行动计划没有推进，影响了团队绩效，期望以后承诺了就要落实，比如可以把承诺贴出来，大家一起监督执行 "鱼"：谢谢！ （也可以让一位反馈者直接反馈一条，然后给予点评和纠偏，看反馈是否是准确到位的）
角色认知	**（选做）"鱼"说明自己的团队角色** 此刻我们邀请"鱼"对自己的团队角色（个人画像）做出简要的几句话说明，说明需要涉及以下几个问题："鱼"在团队中的身份是什么？承担的任务是什么？对于达成团队目标，自己的期待是什么？"鱼"在哪些方面尤其希望大家给出反馈 以上的简述内容能更好地聚焦项目推进和"鱼"的成长，使大家给"鱼"的BIA和BID更有针对性

（续表）

流程环节	参考引导语
再次确认	**确认"鱼"进入倾听状态，确认"水"进入反馈状态** 好，从现在开始"鱼"要认真倾听，不用做笔记，只需要对反馈者说"谢谢"，反馈者要面向"鱼"给予反馈，要有眼神交流，那我们就准备开始啦

复盘教练可以通过感性和理性的语言，降低被反馈者的防卫；同时也让反馈者可以畅所欲言，提前做好 BIA 和 BID 的解释与示范，提醒大家反馈的主体是"鱼"，目的是团队目标的达成和"鱼"的成长。

"翻车"案例 2：我们已经知道规则了，那现在就需要一条"鱼"来接受大家的质询。"鱼"不可以说话，你就憋着，听别人说。因为你说话了就是想要去辩解，无论别人说的对还是不对，都要全部接纳，人家都是为了你好……

给教练"照镜子"：错误的教练行为是上来就讲道理。由于前文提到的他人认知偏差的存在，对"鱼"的反馈也可能存在与真实的偏差。过分强调全盘接受会让"鱼"产生习惯性防卫，有一种被训话的感觉，尤其听到"为了你好"，更可能条件反射地触发抵触心理，觉得凭什么别人说的都要听。复盘教练要做的是让"鱼"明白当听到不同意见时，为什么不要急于澄清，而要说"谢谢"。要把关注点放在倾听上，从而创造自我觉察的机会。

4.3.3　反馈：正反交替"让鱼得水"

引导大家依次对"鱼"进行反馈，先反馈一个积极行为，再反馈一个改进行为，复盘教练用黑笔记录。作为复盘教练，在画布上记录的时候请用发言人的语言做记录，保证原汁原味，以免让传递的信息发生偏差。

当反馈者给出的 BIA 或 BID 不够明确时，复盘教练可以通过提问引导反馈者进行补充和澄清，确保"鱼"可以收到有效的反馈。反馈过程中也要确保大家依次轮流发言，确保流程顺畅进行。每个人的反馈都要被有效记录。关注"鱼"的状态，随时通过语言提升"鱼"的能量，确保"鱼"在自我觉察，而不是心理对抗或内心辩解。同时，也要关注场域，随时通过幽默调节氛围，维护信任、支持和赋能的氛围。具体参考引导语如表 4-3 所示。

表 4-3 鱼缸会议反馈环节流程与参考引导语

流程环节	参考引导语
准备反馈	**预留每个人的思考时间** 反馈的标准大家都已经知道了，接下来的三分钟时间，无须讨论，除"鱼"以外的每个人用彩笔在便利贴上写下自己对"鱼"的反馈，要求每人至少写一条 BIA 和一条 BID，每条反馈单独写一张便利贴。注意结构要符合要求，建议要具体可落地
逐个分享	**每个人轮流反馈** 好，每个人有三分钟的发言时间，请第一位伙伴进行反馈。请你和"鱼"真诚地目光接触，把便利贴上的内容读出来。每个人一条 BIA、一条 BID。"鱼"回应"谢谢"，然后换下一个反馈者（此时，复盘教练把关键信息记录在"鱼"身后的画布上）
补充分享	**相互激荡，补充涌现** 现在大家第一轮反馈已经完毕，还有没有补充分享的呢？尤其是听了上述的反馈后，有没有激发你想到更多要反馈的内容，可以给苹果"甜"一下，也可以给橘子"酸"一下

反馈环节一般持续的时间会比较长，原则上要保证反馈的质量，而不是反馈的数量，所以要留足时间给大家反馈。复盘教练随时留意

反馈是否聚焦目标、是否符合规范、是否切实有力量，场域是否具有能量。

"翻车"案例3：复盘教练说，某某伙伴已经做"鱼"了，接下来我们对他进行反馈，先反馈好的，再反馈不好的，大家发言吧。结果，现场大家你看看我，我看看你，"鱼"搓着手心，不像在"水"里，反倒像是在案板上，需要做出反馈的学员也不知道如何反馈，场面一度很尴尬。

给教练"照镜子"：错误的教练行为是没有给大家准备的时间，上来就要求大家给出反馈。无论是心理上，还是思想上，大家都没有准备好。复盘教练可以引导大家做个小热身，开个小玩笑，营造轻松幽默的氛围，同时可以请反馈者在纸上写 BIA 和 BID，留出一些时间，让彼此放松，进入反馈的状态。给"鱼"一些能量支持，让"鱼"能更积极地面对大家的反馈。

"翻车"案例4：复盘教练看到第一个给出反馈的伙伴给"苹果"时说，这条"鱼"挺好的，挺关注大家的，然后半天也没有说出来好在哪里。复盘教练就记下来"挺好"，并没有进一步引导和确认行为。

给教练"照镜子"：错误的教练行为是没有及时干预无效的 BIA。当事人好的行为没说出来，"鱼"没有认识到自己的好。复盘教练应该让当事人被积极行为赋能，然后才有能量承受 BID。作为复盘教练，一定不要轻易"放过"反馈者，尤其是第一个反馈者就更重要了。复盘教练可以通过诸如"你可以给出哪些具体的行为？他做了什么？这个行为产生了什么影响呢"等问题，引导反馈者给出更为翔实的反馈。当反馈者有好的行为表现时，要适当地给予反馈者鼓励。比如，"这个反馈很好，给了我们的'鱼'能量"，通过这样的方式给其他反馈者打样。BIA 并不是最大的挑战，BID 才是，这就更要明确行为，确保给出的建议能够落地。

反馈的时候，复盘教练要及时纠偏，不走形式要走心。实操时出现以下几种反馈场景的时候，要及时纠正。

场景一：我觉得大家说得都挺对，我没有什么要说的了。

参考处理： 提示每个人都要反馈，可以举例你认同的其他事情的细节或者某个具体场景，告诉反馈者，如果说得足够具体，唤起了你们的共同记忆，反馈才是有激励性的或者有建设性的。

场景二：我和他的工作交集不太多，我不太清楚。

参考处理： 如果选的就是"鱼"所在团队的人，确实工作中应该有交集却没有产生交集，那就需要反思了。双方都需要反思为什么在同一个团队却不熟悉，真的是工作没有交集，还是工作之间支持不够呢？反思是双向的，不仅是对"鱼"，对反馈者本身也是反思的机会。

场景三：我提不出什么实质性建议。

参考处理： 提出具体的建议，对"鱼"来说是一个重要的参考。你想想看，"鱼"做什么样的事情是可以支持你的工作，也是可以支持团队目标的达成呢？你期待他做什么呢？如果提不出具体的建议，他就不知道该如何做才能满足你的要求，到时候他做什么可能都无法满足你或者团队的要求。这可能就不是"鱼"的问题，而是大家没有明确标准和达成共识的问题了。

复盘教练可以参考图 4-5 的 BIA 和 BID 提问反思卡，适时反思，深挖细节。

BIA 提问反思卡

　B：

　1. 反馈的内容是事实，还是评价？

　2. 反馈的行为具体吗？有时间、地点、场景吗？

　I：

　3. 反馈的影响是该行为直接带来的吗？

　4. 反馈的影响是团队和"鱼"都期待的吗？

　A：

　5. 反馈的效果让"鱼"被鼓舞和激励了吗？

　6. 反馈的正向行为"鱼"会想要继续做吗？

BID 提问反思卡

　B：

　1. 反馈的内容是事实，还是评价？

　2. 反馈的行为具体吗？有时间、地点、场景吗？

　I：

　3. 反馈的影响是该行为直接带来的吗？

　4. 该行为的负面影响严重吗？"鱼"会在意吗？

　D：

　5. 反馈的建议"鱼"一听就知道该怎么做吗？

　6. 还有什么建议能帮助"鱼"改进行为吗？

图 4-5　BIA 提问反思卡和 BID 提问反思卡

4.3.4　承诺：选择就是判断优先级

全员反馈完毕后，"鱼"用蓝笔对 BID 做分类（画线处），用红笔画出改进重点（画三角处），并做出改进承诺（如图 4-6 所示）。然后，再换另一条"鱼"进入半圆中心就座接受反馈。

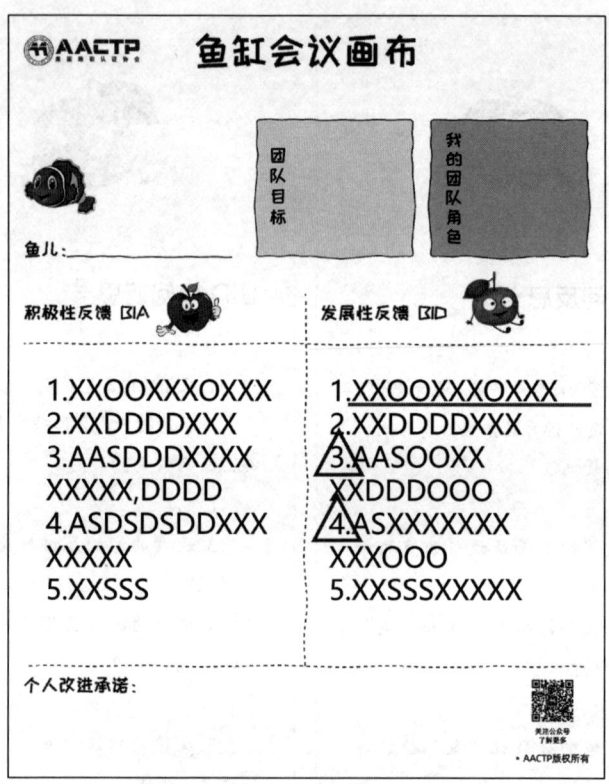

图 4-6　鱼缸会议标识重点示范

　　为什么要进行分类？分类的目的有二：其一，有了分类这一步骤，可以让"鱼"对反馈的内容，尤其是 BID 做一次完整的回顾；其二，如果只是单纯回顾，当"鱼"看着满满当当的 BID，不自觉会在内心升起对抗的情绪，有了分类这一行为，就可以起到分散注意力的作用，有效地降低"鱼"的对抗情绪。承诺环节的参考引导语如表 4-4 所示。

表 4-4 鱼缸会议承诺环节流程与参考引导语

流程环节	参考引导语
观点分类 选择重点	**"鱼"的分类** 下面请"鱼"对 BID 观点进行一下分类，相近的项标识同样的符号，然后用红笔标出你认为对你而言最重要的 2~3 个反馈 注：BIA 观点不需要分类，作为礼物收到，继续保持发扬即可
做出承诺	**公开承诺** 好，请"鱼"做出 1~3 条承诺，并书写在便笺上，贴到承诺区 如果"鱼"的承诺不够具体，复盘教练可以通过如下提问来引导澄清 "什么时候要定目标？具体是什么时候，哪件事？如果回去立马就有一个场景可以用，是什么场景？你打算如何行动？谁可以支持你？" 最后请"鱼"对伙伴们表达感谢，再邀请下一条"鱼""入缸"接受反馈 注：对于"鱼"不认可的 BID 不需要澄清，一旦澄清就会陷入自我辩护中。如果确实有误会，可以在结束之后，找反馈者单独沟通

分类后，让"鱼"挑出重点想要改进的 1~3 条，此刻挑出来的，往往是对"鱼"有启发的建议。做出公开承诺实际上也是在建立心理契约，让行动更容易落地。

"翻车"案例 5：终于可以说话了，"鱼"站了起来，先感谢了大家的反馈，然后立马说"但有几点我想要澄清一下"，随后就展开了滔滔不绝的自我辩护……

给教练"照镜子"：错误的教练行为是没有对辩护及时干预。一旦"鱼"开始进行自我辩护，行为反馈的意义就大打折扣了。作为复盘教练，要马上进行一些干预，既要让当事人感觉可接受，又要让其感受被理解。复盘教练可以说："我知道你现在憋了一肚子话……前面我们讲过他人眼中的你未必是真实的你，所以发展在于你自己，你只要选出最主要的三点来做即可。"

"翻车"案例 6：承诺的时候，"鱼"说："大家对我的目标管理提出了建议，我很同意，接下来我每次做事前都要定目标……"

给教练"照镜子"：复盘教练听到"鱼"的承诺不具体，要立刻捕捉这个细节进行追问。比如，"什么时候要定目标？具体是哪件事？如果回去立马就有一个场景可以用，是什么场景？你打算怎么定目标？"诸如这样的追问能够促使"鱼"进一步思考自己的具体行为，帮助建议落地转化，把收到的反馈转化为行动计划。

4.3.5 关闭：闭环让行动开始

等团队中所有的"鱼"都接受了反馈，复盘教练要对复盘会议过程进行总结回顾。总结回顾包括以下三项内容，我们称之为 3R 关闭法。

review（回顾）：复盘教练带领全员对过程进行回顾；

rephrase（确认）：对鱼缸会议期间形成的共识和行动予以确认；

reflection（反馈）：用 BIA 和 BID 给出会议过程的反馈。

通过 3R 关闭法，复盘教练可以激发学员相互督促，促进行为转化，将鱼缸会议变成工作方法，融入日常工作场景中。关闭环节的流程参考引导语如表 4-5 所示。

表 4-5 鱼缸会议关闭环节流程与参考引导语

流程环节	参考引导语
review （回顾）	当所有的"鱼"接受反馈后，复盘教练要带领全员对过程进行回顾 "我们刚才进行了鱼缸会议，我们的团队目标是……，我们一起走过了导入、'入缸'……几个步骤，共有……几位伙伴做'鱼'接受了反馈。"
rephrase （确认）	对鱼缸会议期间形成的共识和行动予以确认 如果是几个组同时做鱼缸会议，复盘教练可以邀请几条"鱼"在班级层面进行分享，谈谈自己的心路历程、自己受到的启发、自己的公开承诺，跨组交流会让气氛再一次提升 "我们刚才收到的'鱼'的承诺有……，我们非常期待'鱼'接下来的行动，也相信通过这些行动会让我们的'鱼'变得更加优秀……"
reflection （反馈）	复盘教练描述鱼缸会议过程中看到的学员的行为，从观察者的视角对鱼缸会议的流程、节奏、效果做出反馈。如果时间充足，也可以请大家对复盘教练的教练过程做出反馈，以提升鱼缸会议的质量 "几条'鱼'在接受反馈的时候表现得……，大家整体的反馈情况是……" "也请大家对我刚才的教练过程用'苹果'加'橘子'的方式给出反馈……" 最后教练感谢全体伙伴的积极参与

至此，鱼缸会议五个步骤的操作流程全部详解完毕。这是一个标准的设计模式，大家在实际使用的时候可以根据团队的实际情况，做出适度的调整。比如，如果团队对鱼缸会议流程已经非常熟悉，导入的部分就可以简化。同时，参考话术也可以根据复盘教练的个人语言风格适当调整。当然，如果是初学者，建议先照猫画虎，也可以配合提问卡（如图 4-7 所示）进行练习，先固化再优化。

导入	「入缸」
教练自检三问： 1. 本次鱼缸会议的目的明确了吗？ 2. 为什么现在在进行该会议？来的伙伴角色清晰吗？ 3. 所有参与者明确了团队目标吗？	**教练自检三问：** 1. "鱼"在团队中担任的是什么角色？ 2. "鱼"在本项目中的个人目标是什么？ 3. "鱼"此刻的状态是倾听开放的吗？

反馈	反馈
积极性反馈（BIA） B 1. 反馈的内容是事实，还是评价？ 　 2. 反馈的行为具体吗？有时间、地点、场景吗？ I 3. 反馈的影响是该行为直接带来的吗？ 　 4. 反馈的影响是影响团队和"鱼"都期待的吗？ A 5. 反馈的效果让"鱼"被鼓舞和激励了吗？ 　 6. 反馈的正向行为"鱼"会想要继续做吗？	**发展性反馈（BID）** B 1. 反馈的内容是事实，还是评价？ 　 2. 反馈的行为具体吗？有时间、地点、场景吗？ I 3. 反馈的影响是该行为直接带来的吗？ 　 4. 该行为的负面影响严重吗？"鱼"会在意吗？ D 5. 反馈的建议能帮助"鱼"改进行为吗？ 　 6. 还有什么建议能帮"鱼"一听就知道该怎么做吗？

承诺	关闭
教练自检三问： 1. "鱼"此刻是在反思，还是在辩解？ 2. 找到了要改进的具体行为了吗？ 3. "鱼"的承诺有谁能支持？	**教练自检三问：** 1. 鱼缸会议的全体参与者是否按照要求来反馈和回应了？ 2. "鱼"分享的收获对全体成员有触动吗？ 3. 其他参与者的收获是什么？

图 4-7　鱼缸会议复盘教练提问卡

4.4 鱼缸会议的典型应用场景

相比其他几个复盘工具，鱼缸会议有上手快、易操作的特点，深受复盘教练认证班的学员喜爱，体验过的学员也总是很快就想付诸实践。那么，鱼缸会议的典型应用场景有哪些呢？下面列举最常见的三种应用场景供大家参考。

4.4.1 部门例会：抱成一团，站成一队

你所在的部门是团队，还是团伙？不要急着回答，让我们先来了解一下这二者究竟有什么区别。关于团队和团伙，知乎上有一个非常通俗的表述：心在一起是团队，人在一起是团伙。你所在的部门是"心在一起"，还是"人在一起"呢？估计绝大多数读者很难迅速给出答案，因为大多数团队并没有实现真正意义上的"心在一起"。

如何才能让你的团队"抱成一团，站成一队"？如何能够真正实现"心在一起"？

把鱼缸会议嵌入你的部门例会，长期坚持实施，一段时间之后，再回头去看，相信结果会出乎你的意料。

案例 4-1 鱼缸会议中的"90 后"业务总监

"90 后"小伙儿林俊杰是众行公司最年轻的业务总监。一次高管参加的鱼缸会议中，由他做"鱼"，大家的反馈让他感觉受益匪浅。这也让他想接受更加全面的反馈。2021 年 6 月的一天，他邀请了本部门及对口的其他部门的同事，自掏腰包请

大家去吃火锅，条件只有一个：他来做"鱼"，请大家给予他真诚的反馈。

碗筷齐动，氛围已经足够，复盘教练开始引导大家进入鱼缸会议。

"鱼"先收到了一个"苹果"：

"俊杰，我们看到了去年招商银行的需求拿下来后，你快速组织线上微信群，把全国业务都分给大家一起做，发动团队一起搞。看得出，你把研究院（即众行行动学习研究院）当成自己的公司来看，有事业心，出发点很好，而且确实带来了好几个省的项目。我们看到了你在公司的快速成长，真棒。"

这时，大家都能看到俊杰的脸有点儿红。

接下来，大家开始给"鱼"送"橘子"：

"俊杰，看到你晚上 11 点还在盯团队每天交日报，盯打卡，带团队，尤其是管理虚线团队时，你的行为会传递给大家一种焦虑。团队不愿听你的，你也没能给出有效的支持，反而将干扰带给了大家。我们希望你自己放松一些，比如每周约一次 30 分钟的会议，大家直接快速确认目标并复盘数据、策略，定下一周的计划，比每天提交报表效率高……"

俊杰的脸更红了，他下意识地想要反驳。复盘教练及时阻止了他："请'鱼'先觉察自己此刻的情绪。"

其后，俊杰又陆续收到了几个"橘子"，都是告诉他要放松。他猛地意识到，看来自己日常确实是把弦绷得太紧了，而且自己的焦虑感是会传递给团队的。作为管理者，面对绩效是有压力的。如果传递给团队的压力过多，就会引发团队的焦虑。只有学会放松，自己才能真正放松，团队才能更有活力。

"我为什么会一直这么紧张呢？"在后面的反馈中，这个问题在他的脑海中一直挥之不去。

承诺环节，复盘教练一句"童年期的经历往往会影响到一个人成年后的行为"，一语点醒梦中人，一不小心戳中了俊杰的软肋，让正准备做出承诺的他瞬间泪崩。

原来，俊杰的父亲属于严厉型的人，俊杰又是家里的老大。在父亲的观念里，他要给弟弟做出表率。所以，俊杰从小时候开始，父亲就对他严格要求，这让俊杰从小就非常在意自己的行为和表现，生怕没有达到父亲的要求。可以说，整个童年他都是紧张的、焦虑的。成年后，虽然他淡忘了童年的经历，但紧张与焦虑已经深深地埋在了他的潜意识中。

当鱼缸会议上收到了这么多的"橘子"，让他"要放松"时，他突然意识到，自己的紧张与焦虑已经传递给整个团队了。俊杰的哽咽回忆感染了现场其他管理者，大家也纷纷讲出自己小时候的经历。真诚的交流，走心的沟通，让团队的心凝聚在一起。

最后，俊杰做出了改进承诺：在以后的管理中会更多关注大家的感受，用柔性的管理代替苛责，并请同事们监督和即时反馈。

一段时间后，大家都发现，俊杰确实有了变化：工作中讨论一些问题的时候，他不再像过去那样固执地坚持自己的观点了，更多地关注大家的状态，在关注"事"的同时，开始更多地关注"人"。

4.4.2　项目推进："胜则举杯相庆，败则拼死相救"

项目推进的首选复盘工具是项目复盘，它可以帮助我们把项目任务一盯到底，让 PDCA 形成闭环，确保项目计划高效推进。不过，项目复盘是一个偏理性的工具，更专注于项目目标的达成，而任何项目的推进都是靠人来实现的，所以在项目复盘之外，我们还需要一个更加感性的工具，能够帮我们不断地赋能团队，激发团队的凝聚力，打造出"胜则举杯相庆，败则拼死相救"的团队文化氛围。鱼缸会议就是这样的一个工具。

两个复盘工具，项目复盘和鱼缸会议，一个理性，一个感性；一个盯住事，一个激活人；一个让目标达成变得高效，一个让团队凝聚力提升变得容易。对于各类项目的推进而言，这是最容易实施，也是最搭配的一对复盘组合工具。本书作者之一石鑫应该是第一个将鱼缸会议搬到餐桌上的，结果发现餐桌上的鱼缸会议使反馈效果变得更佳。

案例 4-2　餐桌上的鱼缸会议助力发哥逆袭

"发哥，我已经被连续罚喝四杯了，这次我一定要给你一个很酸的'橘子'。"小田放下杯子，冲着发哥说，"上周你和各区域经理的线上复盘会，我也在群里旁听了。至少有三位经理的发言，你一个字都没有回应。还有四位经理汇报了工作，也提出了问题等你回应，你却来了一句'好，下一个'。我当时听了都为你着急。我不由得猜测：你在做什么呢？难道你在打游戏？"小田话音刚落，发哥的脸唰的一下就红了，很显然被说中了。

"发哥，试想一下，绩效落后，一把手却表现得毫无紧迫感，团队成员十有八九也会浑水摸鱼。所以，我建议你接下来一定要盯目标、盯行动、盯落地，一盯到底，套用老师的话就是'管理是盯出来的'，这样才有望在下个月摘掉排名垫底的帽子……不好意思，徒弟得罪了，先喝为敬！"

发哥涨红的脸上拼命挤出一丝笑容，嘴唇略带颤抖地说出两个字："谢谢！"

这是发生在 2019 年 3 月一次鱼缸会议中的一幕，也是我（即石鑫）第一次把鱼缸会议搬到餐桌上。

2018 年 12 月，我承接了一个绩效提升行动学习项目，客户是云南母婴用品流通行业的一家龙头企业，是一家年轻且充满活力的企业。

这家企业成立 17 年以来一直保持着快速增长的态势，但是受 2018 年出生率断崖式下跌的影响，企业发展遇到了瓶颈。企业董事长罗总为了突破绩效、发展团队，决定启动行动学习绩效倍增项目。

该项目以实现 2019 年的绩效目标为课题，以四个业务板块的核心骨干为团队，以四位业务总监为团队长，以 2019 年全年为周期，于 2018 年 12 月底正式启动。

发哥就是四位总监中的一员，并且是最资深的一位，其他三位总监都曾是他的徒弟。发哥资历虽老，但进入状态最慢。项目已经启动了两个月，发哥所带的团队连续两个月业绩排名垫底。

为了激发团队动力，提升团队效能，在第二次复盘时，我作为复盘教练，为大家导入了鱼缸会议。经过讲解和示范，本着团队长以身作则带头做"鱼"的原则，四个团队开始对团队长实施反馈。

在反馈期间，我重点关注了发哥这一组。我发现，发哥虽然有所触动，但力度还不足以让其幡然猛醒。于是，我和董事长罗总打了个招呼，晚上带着四位总监去团建，决定来一场餐桌上的鱼缸会议。

到了餐桌上，三杯预热酒过后，我说："项目已经启动两个月了，发哥团队的业绩连续排名垫底。你们三位过去都是发哥的徒弟，发哥教过你们，帮过你们，现在师傅遇到了困难，正是你们作为徒弟回报师傅的时候了。对发哥最好的回报，就是帮助发哥提升业绩，摆脱排名垫底的现状，所以我们接下来的餐桌就是一个小型的鱼缸会议，发哥就是'鱼'，你们就是'水'，我们真正地做一次切实落地的反馈。"

发哥端起了杯子，诚恳地向大家提前致谢，请大家知无不言，言无不尽。

小田第一个发言。他首先给了"苹果"，讲了发哥如何关心员工，如何主动借钱给下属买房的案例……小田讲得绘声绘色，发哥听得通体舒泰，整个餐桌其乐融融。

给完"苹果"，该给"橘子"了，我知道要进入挑战时刻了。

果然，小田支支吾吾半天，憋出了一句话："发哥，我建议你以后更用点儿心，业绩一定没问题。"稍一停顿，又补了一句，"放心，有兄弟们帮你，保证没问题。"说完之后，一副期盼过关的表情望着我。

我端起杯子笑着对众人说："小田给的'橘子'没按规则

来，没讲具体的事例，给的建议又不痛不痒，大家觉得该怎么办？"

其他三人愣了一下，马上齐声说道："罚一杯！"

小田脸红了一下，从我手里接过杯子一口喝干。看着他喝得十分爽快，大家还以为他下定决心准备抖点儿"猛料"了。哪知道一到张嘴反馈就又蔫了，仍然说得不痛不痒，于是又被接连罚了几杯。

看小田一直放不开，我就对发哥说："发哥，你徒弟怕你承受不住哦。"

发哥自己也喝了一杯，冲小田拍着胸膛说："放心，不管你说什么，我知道都是为我好，我能承受得住！"

见发哥这样说，小田端起杯子说："好，我先自罚一杯。"说罢一口饮尽，把酒杯重重地放到桌上，大家看得出这次他是真的下定了决心。

于是，就有了案例开始的一幕。

小田给完"橘子"之后，气氛略显凝重，尤其是发哥，脸红得像关公。我端起杯子笑着说："感谢小田开了个好头，我们一起敬小田一杯。"等大家放下杯子，我对发哥说："发哥，刚才小田的反馈可能让你感觉有些不舒服，这或许正是你的一次成长机会。胜人者有力，胜己者强，领导者的成长就是和自己的缺点做斗争的过程。"发哥沉思了片刻，坚定地点了点头。

"发哥刚才'吃'了一个很酸的'橘子'，接下来该给'苹果'了。"我冲小田旁边的小练说，"一定要给你师傅一个大大的'苹果'，好好夸一夸，等你师傅的承受力起来了，再给一个大'橘子'，狠狠地'酸'他一下。"大家都笑了，气氛瞬间又轻松了。

有了小田的打样，几位伙伴一下子都放开了。接下来，大家的反馈越来越具体，越来越具有针对性，可谓"苹果"清甜可口、"橘子"酸爽，发哥的表情也变得越来越温和。我知道，这次餐桌上的鱼缸会议，发哥有所顿悟了。

鱼缸会议之后，发哥团队的业绩提升可谓立竿见影，当月的业绩排名变成了倒数第二。虽然只进步了一名，但总算告别了排名垫底的尴尬。此后，发哥团队连续几个月拿到了第二名，8月时还拿了一次第一。

团队排名提升固然可喜，最重要的是发哥的状态，整个团队的精神面貌都发生了脱胎换骨的变化。到年底总复盘时，发哥团队以超越年初绩效目标，总排名第二的成绩获得了奖励。

代表团队发表获奖感言时，发哥特别提到那次餐桌上的鱼缸会议，说那是他一年来感悟最深的一次。评委开玩笑地问他："'橘子'什么味道？"

"酸！"发哥夸张地咧了一下嘴，"但，富含维C。"

4.4.3　国企党建：让民主生活会不再流于形式

鱼缸会议就是结构化的批评与自我批评，能够确保参会人员听到真意见，看到真差距，而且通过营造氛围，让被反馈者以闻过则喜的态度接受批评，在阳光下指出自身存在的问题，让领导干部"红红脸、出出汗、排排毒"。党员干部在会议中因为流程的指引，会更加积极地参与到反馈中来，而BIA和BID又很好地规范了反馈的程度，可以让民主生活会不再流于形式。

案例 4-3　鱼缸会议助力国企党建

2020 年，AACTP 和中企文化委员会（中国文化管理协会企业文化管理专业委员会）共同举办了党建指导员培训班，很多党支部书记回去后就用鱼缸会议来召开支部民主生活会（如图 4-8 所示）。会后大家反馈说，以前的会大家都不好意思说，相互谦让；这次因为有复盘教练（指导员）引导，一开始就说明了规则，要求按照"行为—影响—建议"模式来反馈，被逼着做了一次，没想到效果大大超出了预期。

图 4-8　党建工作坊鱼缸会议环节

其中一次反馈，某党支部王书记作为"鱼"进入了半圆就座。刚坐下的时候，他还信心满满，等待着大家给他的工作点赞，结果越往后听越脸红。

"书记，这个月我们党小组已经交了四次党组织工作汇报，频率都超过一周一次了。这么频繁地交材料，我们都感到力不从心，不能乱写，又不能不写。这几次都是着急布置着急收，组织想要我们认真学习和反思，结果连学习和反思的时间都没有，更别说深入反思了，有了数量，没有了质量。我们想着，只要是组织要求的肯定都要做，但是希望至少提前一个月安排好任务表发到 OA（办公自动化）系统；要不然就集中组织学习一次，学习了就现场分享和反思，效果可能更好。

"我们出去学习的时候，发现别的党支部形式很丰富，看电影，搞团建，还有技能比武，做出了业绩，我们党支部的党建活动形式却是一成不变。"

……

当大家未经商量，都给出类似反馈的时候，王书记不自觉地就开始反思自己组织大家学习的方式、每周交学习材料的初衷，也开始反思如何用更有效的方式组织学习，提升党员的战斗力。

通过这样一次鱼缸会议版的民主生活会，党建和业务脱节、学习党课走形式等问题都暴露了出来。党务工作者开始正视自己工作中的问题，尝试着把党建引领业务发展作为工作重点，学习以倒逼输出为目的，把党建工作做深做实。

领导干部在做批评和自我批评时，一个很重要的原则就是要"闻过则喜"。这个词源自《孟子》，原话是"子路，人告之以有过，则喜。禹闻善言，则拜"。闻过则喜、闻过则拜，这不正是行为反馈复盘需要秉持的精神吗？跨越了两千多年，中国传统文化的精髓和西方的行为反馈复盘的有效方法在这里交会，把鱼缸会议应用于民主生活会，中西合璧之下，让我们的文化精髓有了落地工具，也让行为反馈复盘有了精神内涵。

行为反馈复盘——鱼缸会议，工具虽小，应用极广，除了上述三种典型应用场景，当遇到如下需求时，大家也可以考虑应用。

当你想通过彼此"照镜子"，增进自我认知，发展干部领导力时；

当你想清除团队误会，提升团队合力，打造高绩效团队时；

当你想增进各部门协同，提升组织一致性，促动战略落地时；

当你想优化组织场域，营造开放坦诚的氛围，塑造阳光文化时；

…………

只要遇到需要改善合作的一群人之间的关系时，我们就可以考虑应用鱼缸会议。毕竟这个世界上最复杂的关系莫过于人与人之间的关系，最有效的交流也莫过于心与心的碰撞，而鱼缸会议恰好可以拉近心与心的距离，让心与心交融，让人与人相依，让大家相互支持，一起有勇气拥抱挑战，跨越熟悉的门槛，走出舒适区，穿过未知的黑暗世界，迈向期待的光明前景。

更多行为反馈复盘的内容，可扫描下方微信二维码观看行为反馈复盘微课、鱼缸会议画布的使用。

行为反馈复盘微课

鱼缸会议画布使用

本章复盘：智慧火花，精彩再现

回顾：本章让我印象最深的三点

_____

_____

_____

反思：此时此刻，我的感受和启发

_____

_____

_____

重构：我将做出改变的一点

_____

_____

_____

---- **老石寄语** ----

温暖先于光明，挑战基于信任。

优秀团队就是——

抱成一团，站成一队；

胜则举杯相庆，败则拼死相救。

团队是结果，不是原因！

第 5 章

心智反思复盘，提问出顿悟

吾日三省吾身。

——曾子

设想一下，假如在霸王的老板决定投资生产凉茶前，我们问他一个问题：**霸王凉茶，消费者会喝出什么味道来？**结果又如何呢？

这样的问题或许不会改变其进军新行业的决心，但至少会让他顿悟到：已经深入消费者心智的老品牌对新产品而言，是阻碍，而非助力。

好问题是充满力量的，有可能让人迅速顿悟自己心智模式的盲点，这也正是本章要为大家介绍的复盘方法——心智反思复盘。

心智反思复盘以组织学习专家奥托·夏莫（C. Otto Scharmer）的《U 型理论》为基础，以复盘教练的洞见性提问为方法构建，所以本章首先会介绍《U 型理论》一书中的一些基础内容，然后再结合案例阐述心智反思复盘的具体流程与提问技术。

5.1　封闭心智的"三把心锁"

霸王洗发水能够在自己擅长的领域里取得成功，可见其老板是很有见识的。为什么他会投入巨资开发霸王凉茶这种明显违背消费者心智认知的产品？普通人迅速就能够得出的答案，为什么他却想不到呢？究竟是什么阻碍了他的认知？

正如苏东坡所言，"不识庐山真面目，只缘身在此山中"。每个人都存在心智模式的盲点。

什么是心智模式？所谓心智模式，是指深植于我们心中关于我们自己、别人、组织及周围世界每个层面的假设、形象和故事，并深受习惯思维、思维定式、已有知识的影响。心智模式是简化的知识结构认识表征，人们常用它来理解周围世界，与周围世界进行互动。

这个定义是几位组织学习专家给出的，很权威，也很抽象，并不容易理解。下面笔者用《吕氏春秋》中"疑邻盗斧"的故事来帮助大家理解。

从前有个人丢了一把斧子，他怀疑是邻居的儿子偷去了。他看到那人走路的样子，是偷斧子的；看那人脸上的神色，是偷斧子的；听他的言谈话语，是偷斧子的；那人一言一行，一举一动，没有一样不像偷斧子的人。不久，他翻动谷堆时找到了自己的斧子。等到看见邻居的儿子时，他就觉得那人从行为、表情、动作看都不像偷斧子的人。

这个人怀疑邻居的儿子偷了斧子时，怎么看他怎么像贼，等找到斧子后，怎么看他怎么不像贼了。每个人都在用自己的主观认知模式解读外部的客观事物，这种主观认知模式就是我们的心智模式。当然，心智模式有有效模式和无效模式之分，很显然"疑邻盗斧"展示的就是一种无效的心智模式。

为什么心智模式会无效呢？奥托·夏莫在《U型理论》一书中指出，有三种声音会让我们的心智模式变得无效，它们分别是：评判之声（Voices of Judgement，简称 VOJ）、嘲讽之声（Voices of Cynicism，简称 VOC）、恐惧之声（Voices of Fear，简称 VOF）。笔者把它们比作"三把心锁"。

5.1.1 思维之锁：评判之声（VOJ）

图 5-1 盲人摸象

图 5-1 展示的就是我们从小就学过的盲人摸象的故事，《长阿含经》曾有相关记载。故事简单，却寓意无穷。

某天，镜面王让侍者牵来一头象，让众位盲人去摸它。待盲人们都摸过象之后，镜面王就问他们："象长什么样啊？"摸到象牙的说"如萝菔根"，摸到象耳的说"如箕"，摸到象头的说"如石"，摸到象鼻子的说"如杵"，摸到象脚的说"如臼"，摸到象脊背的说"如床"，摸到象肚子的说"如瓮"，摸到象尾巴的说"如绳"。大家争论不休，谁也说服不了谁。镜面王见此情景，哈哈大笑："你们这些盲人啊，还在这里争论不休。你们摸到的都只是象的一部分，不要再争论了。"

现实中自以为是、以偏概全的例子不胜枚举。包括前面讲的霸王的老板也是在盲人摸象，只看到了凉茶和化妆品的市场机会和自己具有的资源能力，却没有看到老品牌对新品类的负面影响。包括在我们嘲笑盲人各怀偏见时，殊不知当我们受到评判之声的影响时，我们也都是摸象的盲人。

正如尼采所言，我们的眼睛就是我们的监狱，目光所及之处便是监狱的围墙。只有认识到自己其实是摸象的盲人，自己的所见未必是事实，放下固有评判，开启思维之锁，多视角去观察，扩大自我认知，我们才有望一起还原那头完整的大象。

5.1.2　心灵之锁：嘲讽之声（VOC）

图 5-2　跳舞的大象

图 5-2 的大象在做什么？跳舞。设想一下，如果大象有一天跟它的动物小伙伴讲，自己要学跳舞，肯定会引来一片嘲讽。大家都会觉得，大象去练举重还差不多，还学跳舞？饶了我吧。这就是嘲讽之声，即对他人的行为报以不屑、批评、冷漠、质疑等各种否定的情感活动。

回想一下我们过往的互动交流，是否有大量的嘲讽之声充斥其中。

"你这样一个小小的基层经理，也配谈战略……"

"你们这些人啊，一点儿用都没有……"

"多么荒谬的观点……"

"你就是一个不负责任的人……"

很显然，嘲讽之声建立在评判之声的基础上，同时比评判之声对人的情感否定更深了一层。试想一下，人与人的交流互动如果没有信任和接纳，没有理解和共情，又怎么能够让大家敞开心扉？

嘲讽之声不仅会阻碍人与人之间的交流沟通，还可能会彻底封闭人的心灵。当某些认知成为某个群体的共识，一旦有人说出不同的认知，他几乎必然会遭到整个群体的嘲讽。嘲讽之声就会成为一把强有力的心灵之锁，让人不敢去面对。就如《皇帝的新装》中，除了那个无所顾忌的孩子，没有人敢说出"皇帝没有穿衣服"这一事实，因为骗子让人们认可了一个观点：看不见皇帝新装的人就是"愚蠢的人"。没有人愿意成为"愚蠢的人"去承受大家的嘲讽之声。

5.1.3　意志之锁：恐惧之声（VOF）

图 5-3　被细绳子拴住的大象

　　图 5-3 中身躯巨大的大象被什么拴住了？一根小小的柱子，一截细细的绳子，拴住一头千斤重的大象，这不荒谬吗？可这荒谬的场景在印度和泰国随处可见。那些驯象人在大象还是小象的时候，就用一条铁链将它绑在水泥柱或钢柱上，无论小象怎么挣扎都无法摆脱，而且每次挣扎都会让小象被勒得痛苦不堪。对痛苦的恐惧让小象渐渐地放弃了挣扎。直到长成大象，可以轻而易举地摆脱链子时，它也不挣扎了。"铁链是牢不可破的，挣扎带来的痛苦是难以忍受的"，这样的认知已经深深地埋在了大象的潜意识中。一截绳子，拴住的不是大象的身体，而是大象的意志。

　　拴住大象的不是有形的细绳子，而是无形的意志之锁——恐惧之声。恐惧之声既有源自过去的经验，也有源自对未知的天然恐惧；既源自评判之声和嘲讽之声，也源自人们性格特质之下的深层恐惧：重名之人系于名缰，逐利之人缚于利索，贪权之人惧失权柄，谨慎之人怕越雷池，从众之人恐遭排斥，循规之人囿于窠臼，严苛之人失之融通，好思之人溺于所习，享乐之人逃避担当……在现实生活中，每个人都被一条无形的细绳子拴住而不自知。如不能解开意志之锁，打破恐惧之声，我们的所作所为就只能局限于无形链条所缚的范围之内。

5.2　解放心智的"三把钥匙"

　　评判之声、嘲讽之声和恐惧之声就如三把锁，锁住了我们的思维、心灵和意志，这是我们自己创造出来的心结，是我们自己给自己的无形枷锁。缚住我们的是自己，要打破这枷锁也只能靠我们自己。

如何破除心锁，解放心智？孔子曰：知者不惑，仁者不忧，勇者不惧。孔子的话正好给出了破解心锁的"三把钥匙"：开放的思维、开放的心灵、开放的意志。

5.2.1 开放的思维：知者不惑

正如爱因斯坦所言，我们无法用提出问题的思维来解决问题。如果一个人用一种思维方式提出了一个困惑，就说明他的思维被限定在这个困惑上。不打破局限，是无法解开这个困惑的。要想打破这个局限，就需要开放的思维。

开放的思维是建立在人的脑力基础之上的，具体是指我们要放下源自过去经验的评判，用新眼光去看待问题，看到多种可能性。这样，我们才能对问题有全新的认知，走出原有认知之下的困惑。

案例 5-1 从劳模到"雷布斯"，雷军是怎样做到的？

"站在风口上，猪都可以飞起来。"2010 年，雷军在微博上写下了这句日后被无数人传诵的金句。8 年后，小米科技成功在港交所上市，创始人雷军的身价一度逼近 200 亿美元。人们在感慨小米为无数创业团队树立榜样的同时，也被雷军个人的战略眼光深深折服。

同样在港交所，2007 年 10 月 9 日，金山软件终于成功敲钟上市，作为 CEO 的雷军却开心不起来，因为他为之付出 15 年心血的公司市值不过 53 亿港元。

从金山的失意到小米的腾飞，雷军是如何翻盘的？其实，这一切都源于雷军长达三年的自我复盘——雷军称其为"大反思"。

金山软件在港交所敲钟上市后，雷军坚持用自己的相机拍了一张照片——这一举动似乎是一种暗示。两个多月后，这位身心俱疲的 CEO 辞职了。

辞职后的雷军一边做天使投资，一边开始了自己的复盘，通过微博和公众交流，一复盘就是三年。

"过去金山的事，鲜有我没有掺和的，二十二岁的金山没有大成，有我一份不可推卸的责任。"雷军对自己的复盘毫不客气，批判之后，又反思说，"一日梦醒才明白，要想大成，光靠勤奋和努力是远远不够的。"

确实，说到勤奋，如果雷军称第二，整个中国 IT 界没有人敢称第一。

金山时期的雷军被称作"中关村劳模"：常年夜里 12 点下班，第二天早上 9 点就出现在公司，挤电梯时要么忙着用手机处理事务，要么闭目养神。时间安排像飞机时刻表一样，精确到半个小时、15 分钟。

"永远睡眠严重不够，人非常憔悴，疲惫始终挂在脸上。"这就是那时的雷军给人最突出的印象。然而，无休止的辛苦劳顿，并没有让金山取得足够显赫的业绩。

有人如此点评金山时期的雷军："很执着，但一直没站在风口上。别人做互联网的时候，他继续做软件，最后软件业整体不行了。他在一边做软件一边做互联网的时候，又错过了互联网发展的黄金时间，最后还被软件公司绊住了。"

光靠勤奋和努力不够，该靠什么呢？雷军反思了五条，其中一条是"**要顺势而为，不要做逆天的事情**"，这正是"**站在风口上，猪都可以飞起来**"金句的雏形。

"在那之前，你可以说雷军还不太懂互联网；在那之后，雷军成了一个互联网专家。"360 公司创始人周鸿祎说，"我觉得他当年离开金山，也许很郁闷，也许不太开心，但这个挫折没有把他击倒，反而给了他一个跳出来反观自己的机会。一旦把互联网的'道'弄明白了，雷军过去这么多年积累的那些'术'马上就会发挥作用。"

后来的创业伙伴王川也发现，雷军变了，他的眼界从"用显微镜看事情"开阔到"用望远镜看事情"。

这种脱胎换骨，与其说是水平的提升，不如说是升级了自己的系统。雷军提炼总结出了他的互联网思维七字诀——专注、极致、口碑、快。

正是这七字诀，让小米得以起飞；正是这次复盘，让雷军得以翻盘，从优秀迈向卓越。

雷军对自己复盘，打开了全新的思维，扩大了认知领域，打破了个人天花板。正如孔子所言，知者不惑，当下的困境在认知提升后便不再是困境。这里的"知者"不是指全知全能的人，因为没有人是全知全能的。真正的知者是在不知的时候，开放思维，知道如何求知才能不惑。

5.2.2　开放的心灵：仁者不忧

开放的心灵根植于利他、尊重、理解、欣赏和感激之上，表现为共情能力，设身处地为他人着想的能力，因为以爱为发心，故不论毁誉加身，都能心平气和，宠辱不惊。

日本的白隐禅师道行高深，负有盛名。在他居住的禅寺附近有一户人家的女孩怀孕了，女孩的母亲大为愤怒，一定要找出肇事者。女孩用手朝寺庙指了指，说："是白隐的。"女孩的母亲跑到禅寺找到了白隐，又哭又闹。白隐明白了怎么回事后，没有做任何解释，只是淡然地对女孩和她的母亲道："是这样吗？"孩子生下后，女孩的母亲又当着寺院所有僧人的面送给白隐，要他抚养。白隐把婴儿接过来，小心地抱到自己的内室，安排人悉心照料。多年后，女孩受不了良心的折磨，向外界道出了事情的真相，并亲自到白隐的跟前赎罪。白隐面色平静，仍是淡然地说了句："是这样吗？"

"是这样吗？"白隐禅师一句平和到极致的话，蕴含着无尽的悲悯与包容之心，正如孔子所言的"仁者不忧"，常人虽很难企及白隐禅师的境界，但当我们运用开放的心灵时，一扇窗就徐徐地开启了，清风涌入，我们的心境开始悄悄地升华。

5.2.3 开放的意志：勇者不惧

开放的意志是指人的精神力量，其关键在于破除内心深处的恐惧之声，从小我走向大我，从旧世界迈向新世界。

如前所述，相较于评判之声和嘲讽之声，恐惧之声源自人的心智模式底层，所以应用开放的意志，打破恐惧之声，会带来心智模式的跃迁升级。

案例 5-2　德鲁克（Drucker）一问点醒韦尔奇

1981 年，杰克·韦尔奇被任命为通用电气的 CEO。上任后，韦尔奇做的第一件事就是专程拜访了管理学界的泰斗彼得·德鲁克，并向德鲁克请教，是否要卖掉冰箱事业部等几个亏损经营单位。德鲁克没有给任何建议，而是提出了一个问题：**如果今天还没有进入这一业务领域，你会投入资源来争取进入吗？**

这一问题让韦尔奇瞬间顿悟。

受到启发的韦尔奇提出了著名的"三环战略"，将通用电气的业务聚焦为核心业务、高技术业务和服务业；又提出了"数一数二"战略，凡不能进入行业前两名的业务都要被"砍掉"。此后几年间，通用电气陆续砍掉了 25% 的业务，削减了 10 多万个工作岗位，将 350 个经营单位裁减合并成 13 个主要业务部门。大刀阔斧的改革让韦尔奇在获得"中子弹杰克"这个不太美好绰号的同时，也让老态龙钟的通用电气重新焕发出勃勃生机，获得了竞争力。最终，在韦尔奇的领导下，通用电气的市值由 120 亿美元变成了 4100 亿美元，公司也成为全球市值最高的公司之一。

为什么德鲁克如此简单的一个问题能给韦尔奇带来这么大的启发呢？

因为德鲁克的问题让韦尔奇顿悟了自己内心深处的恐惧，从而应用独立意志放下了恐惧。

韦尔奇的恐惧之声是什么？归纳起来有两点。

第一，作为一个在通用电气成长起来的CEO，上任伊始就对通用电气"大动手术"，难免会在员工心目中留下一个无情的CEO形象。即便强大如韦尔奇，如果没有真正下定决心，做好心理准备，在情感上也很难接受。

第二，当时IBM和哈佛大学等企业和机构都在鼓吹雇员终身制，而作为一家有广泛影响力的巨头企业，通用电气新任CEO却要反其道而行之，韦尔奇需要面对的社会压力可想而知。

德鲁克的问题帮助韦尔奇转换了视角，从CEO的视角跳了出来，换位到一个投资人的视角。新视角的开启，解放了韦尔奇的思维，让他看到了自己原有思维的盲点，看到了内心深处的恐惧，从而将业务的重点聚焦到通用电气的快速发展和未来上。这种选择也让他对于短期内承受骂名有了充足的心理准备。当被媒体称为"中子弹杰克"时，韦尔奇能够从容应对，处变不惊，坚持自己的选择，最终创造了辉煌的业绩。这是独立意志的充分体现，也正是孔子所言的"勇者不惧"。

5.3 U型理论：向未来学习，升级心智

U型理论的提出者奥托·夏莫是一位行动学习促动师，他在促动组织变革过程中思考：团队、组织或更大型的系统需要经历怎样的过程，才能接近集体创造力的深层根源？最终，夏莫根据自己的实践，构建了七个步骤的U型过程，帮助组织向未来学习，转变心智模式。他称之为U型理论（如图5-4所示）。

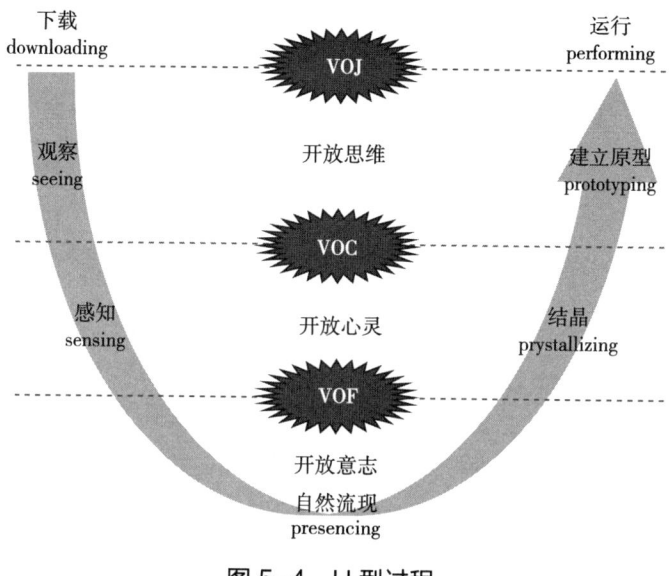

图 5-4　U 型过程

　　U 型理论的七个步骤是一个体验过程，没有体验理解起来会比较抽象，大家可以随着阅读去想象并感受这一过程。

5.3.1　第一步，下载

　　这是进入"U 型"的第一步，仍然延续我们的习惯来看问题，按照个人的惯性思维来看待世界，就像下载软件一样，从大脑中下载我们对问题的认知。举个例子。假如你和你的爱人刚发生了一场争吵，如果问你们俩刚才都发生了什么，大多数人都是从自己的视角来讲刚才发生的一切的，这就是下载思维。我们以为看到了真实的世界，实际上只不过是看到了自己大脑中理解的世界而已。

5.3.2 第二步，观察——暂悬判断，放下 VOJ

沿着"U 型"下潜，放下 VOJ，以开放的思维看世界，跳出下载式思维，去发现新的事实，这个时候就进入了"观察"环节。继续刚才的案例，想象一下，如果房间的顶部有一台摄像机，你现在就是那台摄像机，回放刚才的场景，你都看到了什么？敞开心扉，放下防卫，把自己也作为被观察的对象，一定会有新的发现。

5.3.3 第三步，感知——设身处地，放下 VOC

让心智继续下潜，放下 VOC，以开放的心灵去设身处地地共情，站在他人的立场上去理解，这时我们就从"观察"环节进入了"感知"环节。延续刚才的案例，换位到对方的视角，你能感受到什么？你感受到你们各自从自己的角度出发，相互攻击，不去理解对方的行为，让彼此都很受伤，对夫妻的感情造成了伤害。你们为此感到很沮丧，也很懊悔。

5.3.4 第四步，自然流现——连接根源，放下 VOF

让心智继续下潜，放下 VOF，放下固有的执念，运用开放的意志，寻求更大的自我，这时我们就潜到了"U 型"底部，就会看到一个未来的大我正在形成，心智的格局正在跃迁。延续刚才的案例，我们会给自己这样一个解释："我就是这个脾气，她就是这个样子。"这些都是在给自己找借口。其实，我们可以决定自己成为什么样子，我们的良知知道我们应该成为什么样子。与我们的良知进行对话的时候，答案就会自然涌现出来，这就是向正在生成的未来学习。

5.3.5 第五步，结晶——形成新的愿景

从"U 型"底部顺着 U 型右侧上行，带着我们在"U 型"底部与自我良知对话得到的指引，顿悟到的本源智慧，接纳我们当下的顿悟向上走，我们就会看到我们对未来的梦想，新的愿景就会如水晶般晶莹剔透地呈现在我们面前，或者也可以理解为，我们会集体洞见新的愿景。延续刚才的案例，你们期望的夫妻关系的未来愿景是什么？在良知的指引下，什么是你们真正想要的？这时你们需要明确夫妻共同体的未来愿景。

5.3.6 第六步，建立原型

再继续顺着"U 型"右侧上行，从宏观世界进入微观世界，为了让愿景实现，我们该建立怎样的实践原型？在建立原型的时候，继续在良知的指引下，制定新的规则，让一切变成现实。延续刚才的案例，要制定一些什么样的规则来实现愿景？要为愿景采取哪些具体行动？是经常换位用对方的视角去看问题吗？是和对方进行更深入的精神交流吗？是约定以后两个人绝不同时发火吗？是约定即使吵架后也要给对方一个拥抱或别的什么吗？这时你们需要将愿景落地为可见、可实施的行动和规则。

5.3.7 第七步，运行——实践验证，获得成效

现在到了"U型"右侧的顶部，我们通过执行新的规则，开始新的行动，带来了组织系统的转变，收获了成效。把我们验证后的内容，以规则的方式融入组织，带来了组织所处的大生态系统的整体进化，如供应商、客户等利益关系人组成的大生态系统的整体进化，我们不仅改变了自己，也改变了世界。延续刚才的案例，将夫妻间良性互动带来的成效进一步深化，形成健康的夫妻关系，并融入更大的生态系统中。

这就是 U 型理论向未来学习的七个步骤，也是组织学习的最前沿理论。笔者认为，其了不起之处有二：其一，提出了"向未来学习"的理念，这一理念对于今天这样的 VUCA 时代意义尤为重大；其二，以七个简明的步骤，描绘了心智模式升级的路径，这对于心智模式的反思复盘具有极强的指导意义。

5.4 心智反思复盘：一张画布，问出顿悟

U 型理论的应用，可以分为两个方向：一是组织变革，通过团队共同启动、共同观察、共同感知、共同自然流现、共创创造，从而共同实现组织变革；二是个人心智模式的反思。

如表 5-1 所示就是 AACTP 基于 U 型理论开发的心智反思复盘画布。借助画布，通过教练式提问，帮助复盘对象反思心智模式，问出顿悟。下面就让我们结合案例一起感受心智反思复盘的过程。

表 5-1　心智反思复盘画布

两难的状况			复盘对象		复盘 时间	
选项	选项 A	选项 B	复盘教练			
1. 严重后果 （VOJ）			7. 行动计划			
2. 负面形象 （VOC）			6. 行动策略			
3. 放下恐惧 （VOF） 4. 当下的顿悟			5. 新的愿景			

5.4.1　场景：左右为难之际，心智复盘之时

如果把我们内心的 VOJ、VOC、VOF 比作三个小鬼，什么时候最适合"抓鬼"？当然是在"鬼"现形的时候。什么时候"鬼"会现形？当我们面对一个重要决策，感到左右为难不能决断之时，这恰恰就是我们受到内心 VOJ、VOC、VOF 困扰的时候。如果以此作

为复盘载体，再加上教练的有力提问，就可以让我们心中的 VOJ、VOC、VOF 浮现，并被觉察。所以，要进行心智反思复盘，首先就要让复盘对象回想一个当下让他感到左右为难的决策场景。复盘教练可以通过下面的提问探询，确认被复盘对象正在遭遇的左右为难的场景。

回想一下，在工作或生活中，有哪些让你感到左右为难的事？

哪一件对你而言是非常重要的？

这是一件什么事？

你面对的两难选择是什么？

如果不做出选择，这件事会一直困扰着你吗？

通过以上提问，复盘教练帮助被复盘者找到了一件非常重要的左右为难之事，并记录在画布对应的位置上，作为心智反思复盘的场景事件。这里需要特别注意的是，这件事一定得对当事人非常重要，确实给他带来了困惑。

如表 5-2 所示，就是在一次复盘教练公开课上某位伙伴在复盘教练的提问下呈现的左右为难的困境。被复盘对象玛丽（Mary）是一位任职六个多月的人力资源经理，有五名直接下属，其中有一名叫贾森（Jason）的业绩一直很差，已经影响到了部门的绩效。玛丽给他做过绩效面谈，也做过辅导，但收效甚微。作为一名任职不久同时又希望取得良好绩效的职业经理人，玛丽陷入了是否要跟贾森解约的两难之中。

表 5-2 玛丽陷入是否与低绩效员工贾森解约的两难困境

两难的状况	是否与一名低绩效员工解约		复盘对象	玛丽	复盘时间	×××
选项	选项 A：解约	选项 B：不解约	复盘教练	李		
1. 严重后果（VOJ）			7. 行动计划			
2. 负面形象（VOC）			6. 行动策略			
3. 放下恐惧（VOF）	4. 当下的顿悟		5. 新的愿景			

5.4.2 第一步，严重后果——浮现 VOJ

为什么一个决策会让你觉得左右为难？因为两难选择背后必然有着显性或隐性的对选择结果的机会和风险的评判。比如，选择创业，还是选择继续打工？创业有可能会获得更大的成功，实现更高远的人生价值，但也有可能会遭遇个人和家庭不能承受的失败，甚至让生活陷入极端的窘境；继续打工可以让你感觉安全稳定，却也有可能会让你一直为未能实现更好的人生价值而遗憾，也可能会在某天遭遇失业危机。这些评判就是我们内心深处的 VOJ——对可能错失机会或面对风险的后果的评判之声。这些 VOJ 其实一直隐藏在我们的内心，左右着我们的各种决策，当遭遇两难之境时便开始浮现出来。心智反思复盘画布的第一步就是通过探询两难选择背后的严重后果，让 VOJ 彻底浮现出来。

　　复盘教练可以通过下列问题，引导被复盘者针对两难选项逐个儿反思出隐藏在选项背后的 VOJ。

　　这个选项存在哪些重大的风险？

　　这些风险可能会导致什么严重的后果？

　　这个严重的后果还会导致什么更严重的后果？

　　你最无法承受的后果是什么？

　　回到"是否与一名低绩效员工解约"的案例，经过复盘教练的提问探询，玛丽反思了"解约"和"不解约"两难选择背后，她对严重后果的评判。

　　解约的严重后果：被解约员工的职业生涯会受到影响，会自责；自己刚刚上任不久，在团队里还没有树立威信就跟老员工解约，可能会造成团队氛围紧张，人人自危。

　　不解约的严重后果：部门绩效受到拖累，上级对自己的工作不满意；自己不得不把精力用到救火和善后上；已经花了好多精力辅导他，但是收效甚微，继续下去仍然有可能不见成效。

在引导被复盘者反思的过程中，复盘教练要将其对严重后果的描述呈现在画布上（如表 5-3）。

表 5-3　玛丽对解约与否严重后果的反思

两难的状况	是否与一名低绩效员工解约		复盘对象	玛丽	复盘时间	×××
选项	选项 A：解约	选项 B：不解约	复盘教练	李		
1. 严重后果（VOJ）	被解约的员工职业生涯受到影响，内心自责团队氛围紧张，人人自危	部门绩效受到拖累，上级不满意经常救火和善后消耗精力培养，却不见成效	7. 行动计划			
2. 负面形象（VOC）			6. 行动策略			
3. 放下恐惧（VOF）			5. 新的愿景			
	4. 当下的顿悟					

5.4.3 第二步，负面形象——浮现 VOC

人是具有高度社会属性的动物，十分在意外界对自己的评价，总会或有意或无意地通过言行塑造自己的社会形象，反过来社会形象也会影响到言行。就如公众人物最害怕自己的人设崩塌，普通人同样也有着对负面形象的担忧——我们内心深处无法接受的 VOC。心智反思复盘画布的第二步是承接第一步严重后果之后，继而反思假如严重后果发生，自己最不愿意面对的负面形象是什么。通过这一反思，我们内心深处的 VOC 就会浮现出来。

复盘教练可以通过下列问题，引导被复盘者针对两难选项之下的两个严重后果，反思其背后的负面形象，浮现出内心的 VOC。

假如最坏的情况发生，你会是一个什么形象？

你最不愿意面对的那个形象是什么？

用一幅表情图画出你可能成为的形象，该形象是什么样子的？

用"这是一个……的人"来表述这个负面形象，是什么？

回到"是否与一名低绩效员工解约"的案例，经过复盘教练的提问探询，玛丽反思"解约"和"不解约"两难选择背后严重后果带来的负面形象分别是"不值得信任的上级"和"不胜任的管理者"，这都是她最不愿意面对的形象，也是其内心 VOC 的浮现（如表 5-4所示）。

表 5-4 玛丽最不愿意面对的形象

两难的状况	是否与一名低绩效员工解约		复盘对象	玛丽	复盘时间	× × ×
选项	选项 A：解约	选项 B：不解约	复盘教练	李		
1. 严重后果（VOJ）	被解约的员工职业生涯受到影响，内心自责团队氛围紧张，人人自危	部门绩效受到拖累，上级不满意经常救火和善后消耗精力培养，却不见成效	7. 行动计划			
2. 负面形象（VOC）	不值得信任的上级	不胜任的管理者	6. 行动策略			
3. 放下恐惧（VOF）		4. 当下的顿悟	5. 新的愿景			

5.4.4 第三步，放下恐惧——浮现 VOF

无论是严重后果，还是负面形象，让我们陷入两难的始终是其带给我们的恐惧。正如美国前总统富兰克林·罗斯福所言，我们唯一值得恐惧的是恐惧本身。恐惧源自未知。当我们反思我们的恐惧，浮现出我们内心的 VOF 时，恐惧本身也会被迅速减弱。所以，心智反思复盘的第三步浮现出 VOF，让我们认清内心的恐惧，也给我们创造了放下恐惧的契机。

复盘教练可以通过下列问题，引导被复盘者针对两难选项背后的恐惧，浮现出内心的 VOF。

打破 VOJ：换个（角色、时间等）看，会有哪些新的发现？

打破 VOC：这个负面形象一定会出现吗？什么情况下不会出现？假如接纳这个负面形象，又会如何？

打破 VOF：你的基本恐惧是什么？这些基本恐惧在过去和当下是如何影响你的？如何放下这些基本恐惧？

回到"是否与一名低绩效员工解约"的案例，经过复盘教练的提问探询，玛丽反思了"解约"和"不解约"两难选择背后的恐惧后，开始反思两个问题（如表 5-5 所示）：人设是内心的坚守，还是别人的看法？管理者的时间首先要用到哪里？这两个问题直接引发了她在当下的顿悟。

表 5-5 玛丽的两个反思

两难的状况	是否与一名低绩效员工解约		复盘对象	玛丽	复盘时间	×××
选项	选项 A：解约	选项 B：不解约	复盘教练	李		
1. 严重后果（VOJ）	被解约的员工职业生涯受到影响，内心自责团队氛围紧张，人人自危	部门绩效受到拖累，上级不满意经常救火和善后消耗精力培养，却不见成效	7. 行动计划			
2. 负面形象（VOC）	不值得信任的上级	不胜任的管理者	6. 行动策略			
3. 放下恐惧（VOF）	人设是内心的坚守，还是别人的看法	管理者的时间首先要用到哪里	5. 新的愿景			
	4. 当下的顿悟					

5.4.5 第四步，当下的顿悟——涌现未来

当第三步问出了有力量的问题，让被复盘者看到了自己的内心恐惧，浮现出了 VOF，第四步的顿悟一般就会被直接引来。所以，在实际的教练过程中，第三步、第四步是连到一起探询的。

复盘教练可以承接第三步的问题，继续用下面的问题，引导被复

盘者获得顿悟。

> 有哪些新的认知正在涌现？
>
> 未来的"我"给现在的"我"一个建议，它会是什么？

回到"是否与一名低绩效员工解约"的案例，经过复盘教练的提问探询，玛丽顿悟到"人设是内心对原则的坚守，而非他人的目光"，"遵循绩效导向与富有同理心并不矛盾"（如表5-6）。

表5-6　玛丽反思后的顿悟

两难的状况	是否与一名低绩效员工解约		复盘对象	玛丽	复盘时间	×××
选项	选项A：解约	选项B：不解约	复盘教练	李		
1. 严重后果（VOJ）	被解约的员工职业生涯受到影响，自己内心自责 团队氛围紧张，人人自危	部门绩效受到拖累，上级不满意 经常救火和善后消耗精力培养，却不见成效	7. 行动计划			
2. 负面形象（VOC）	不值得信任的上级	不胜任的管理者	6. 行动策略			
3. 放下恐惧（VOF）	人设是内心的坚守，还是别人的看法	管理者的时间首先要用到哪里	5. 新的愿景			
	4. 当下的顿悟					
	人设是内心对原则的坚守，而非他人的目光 遵循绩效导向与富有同理心并不矛盾					

5.4.6 第五步，新的愿景——重塑自我

大家思考一下：顿悟产生之后，是否一定可以让被复盘者对两难选择做出抉择？答案是不一定。顿悟是一次心智的升级，伴随而来的是当事人格局的提升、自我的重塑与升华。对两难选择做出的往往是更为有效的第三选择，即使其选择仍是二者之一，该选择背后的心智认知也已完全不同。

复盘教练可以通过以下问题引导被复盘者思考自己的新的愿景，对自我进行重塑。

你可以做出什么样的全新选择？

畅想一下新选择之下的成功画面是什么？

回到"是否与一名低绩效员工解约"的案例，经过复盘教练的提问探询，玛丽提出了自己的全新人设——"成为一名既遵循绩效导向又富有同理心的管理者"（如表 5-7）。

表 5-7 玛丽确立了自己的全新人设

两难的状况	是否与一名低绩效员工解约		复盘对象	玛丽	复盘时间	×××
选项	选项 A：解约	选项 B：不解约	复盘教练	李		
1. 严重后果（VOJ）	被解约的员工职业生涯受到影响，内心自责团队氛围紧张，人人自危	部门绩效受到拖累，上级不满意经常救火和善后消耗精力培养，却不见成效	7. 行动计划			

（续表）

两难的状况	是否与一名低绩效员工解约		复盘对象	玛丽	复盘时间	×××
选项	选项A：解约	选项B：不解约	复盘教练	李		
2. 负面形象（VOC）	不值得信任的上级	不胜任的管理者	6. 行动策略			
3. 放下恐惧（VOF）	人设是内心的坚守，还是别人的看法 4. 当下的顿悟 人设是内心对原则的坚守，而非他人的目光 遵循绩效导向与富有同理心并不矛盾	管理者的时间首先要用到哪里	5. 新的愿景	成为一名既遵循绩效导向又富有同理心的管理者		

5.4.7 第六步，行动策略——构建原型

第六步是将第五步的新愿景落地为具体的行动策略，构建出实践原型。复盘教练可以通过以下问题引导被复盘者构建愿景型动作——行动策略。

实现愿景有哪些策略？

实现愿景，你需要把握哪些关键点？

你有哪些资源可以支持你实现愿景？

回到"是否与一名低绩效员工解约"的案例，经过复盘教练的提问探询，玛丽提出了自己实现愿景的原型策略——"及时反馈，及时支持，及时处理，既可以帮助下属，又可以保证绩效"（如表 5-8）。

表 5-8　玛丽提出实现愿景的原型策略

两难的状况	是否与一名低绩效员工解约		复盘对象	玛丽	复盘时间	×××
选项	选项 A：解约	选项 B：不解约	复盘教练	李		
1. 严重后果（VOJ）	被解约的员工职业生涯受到影响，自己内心自责　团队氛围紧张，人人自危	部门绩效受到拖累，上级不满意经常救火和善后消耗精力培养，却不见成效	7. 行动计划			
2. 负面形象（VOC）	不值得信任的上级	不胜任的管理者	6. 行动策略	及时反馈，及时支持，及时处理，既可以帮助下属，又可以保证绩效		
3. 放下恐惧（VOF）	人设是内心的坚守，还是别人的看法	管理者的时间首先要用到哪里	5. 新的愿景	成为一名既遵循绩效导向又富有同理心的管理者		
	4. 当下的顿悟					
	人设是内心对原则的坚守，而非他人的目光　遵循绩效导向与富有同理心并不矛盾					

5.4.8 第七步，行动计划——落实行动

第七步将行动策略落地为具体的行动计划，复盘教练可以通过以下问题引导被复盘者迈出改变的第一步。

你第一步做什么？

如何保障第一步的迈出？

取得阶段性成功后，你会如何奖励自己？

回到"是否与一名低绩效员工解约"的案例，经过复盘教练的提问探询，玛丽把自己的策略"及时反馈，及时支持，及时处理，既可以帮助下属，又可以保证绩效"，落实为具体的行动计划"将项目复盘和鱼缸会议引入团队，每周一次项目复盘，每月一次鱼缸会议"（如表5-9）。

表5-9　玛丽将策略变成可跟进、可落地的行动计划

两难的状况	是否与一名低绩效员工解约		复盘对象	玛丽	复盘时间	××
选项	选项A：解约	选项B：不解约	复盘教练	李		
1. 严重后果（VOJ）	被解约的员工职业生涯受到影响，内心自责 团队氛围紧张，人人自危	部门绩效受到拖累，上级不满意 经常救火和善后 消耗精力培养，却不见成效	7. 行动计划		将项目复盘和鱼缸会议引入团队，每周一次项目复盘，每月一次鱼缸会议	

（续表）

两难的状况	是否与一名低绩效员工解约		复盘对象	玛丽	复盘时间	××
选项	选项 A：解约	选项 B：不解约	复盘教练	李		
2. 负面形象（VOC）	不值得信任的上级	不胜任的管理者	6. 行动策略	及时反馈，及时支持，及时处理，既可以帮助下属，又可以保证绩效		
3. 放下恐惧（VOF）	人设是内心的坚守，还是别人的看法	管理者的时间首先要用到哪里	5. 新的愿景	成为一名既遵循绩效导向又富有同理心的管理者		
	4. 当下的顿悟					
	人设是内心对原则的坚守，而非他人的目光 遵循绩效导向与富有同理心并不矛盾					

这就是心智反思复盘过程，既可以通过复盘教练的提问引导复盘，也可以结合心智反思复盘画布自己复盘。后者只需借助提问卡（如表 5-10）自问自答，进行反思即可。

表 5-10　心智反思复盘提问卡

两难的状况及选项澄清	回想一下，在工作或生活中，有哪些让你感到左右为难的事 哪一件对你而言是非常重要的 这是一件什么事 你面对的两难选择是什么 如果不做出选择，这件事会一直困扰着你吗

（续表）

1. 严重后果（VOJ）	这个选项存在哪些重大的风险 这些风险可能会导致什么严重的后果 这个严重的后果还会导致什么更严重的后果 你最无法承受的后果是什么	7. 行动计划	你第一步做什么 如何保障第一步的迈出 取得阶段成功后，你会如何奖励自己
2. 负面形象（VOC）	假如最坏的情况发生，你会是一个什么形象 你最不愿意面对的那个形象是什么 用一幅表情图画出你可能成为的形象，该形象是什么 用"我是一个……的人"来表述这个负面形象，是什么	6. 行动策略	实现愿景有哪些策略 实现愿景，你需要把握哪些关键点 你有哪些资源可以支持你实现愿景
3. 放下恐惧（VOF）	打破VOJ：换个（角色、时间等）看会有哪些新的发现 打破VOC：这个负面形象一定会发生？什么情况下不会发生？假如接纳这个负面形象，又会如何 打破VOF：你的基本恐惧是什么？这些基本恐惧过去和当下是如何影响你的？如何放下这些基本恐惧	5. 新的愿景	你可以做出什么样的全新选择 畅想一下新选择之下的成功画面是什么
	4. 当下的顿悟		
	有哪些新的认知正在涌现 未来的"我"给现在的"我"一个建议，它会是什么		

本书作者之一的褚冬彪在公众号发了一篇文章，是关于自己如何应用心智模式反思画布顿悟与太太的相处之道的，摘录在这里与大家分享。

案例 5-3　心智反思，顿悟人生

2021 年 7 月，因为新冠肺炎疫情，我回老家和父母朝夕相处了半月有余。陪伴父母的这段日子，我竟幸运地经历了一次顿悟之旅，找到了与太太和谐相处的新模式，让自己重获新生。

顿悟的过程，现在回想起来都觉得妙不可言，就在我试着努力调和父母关系的时候，像是父母赠送的礼物一样送到我的手上。

倾听比给建议更能解决问题

父亲每天早出晚归，不到吃饭的时间不回家，母亲则在家忙里忙外地收拾。看我不忙工作的时候，母亲就会端来零食、水果，和我一边吃一边聊些家长里短，最后都会把话题聚焦到父亲身上，准确地说是对父亲的抱怨。

从我记事起，母亲就在不停地抱怨父亲，她的"控诉"主要集中在三个方面：一是对外人很关心，对家人反而不关心；二是不干家务，却总挑毛病；三是什么事都不商量，还总对着干。

其实，母亲的每一次抱怨都是在"炒冷饭"，那些内容对我来说并无新意，只是为我提供了一次倾听母亲以弥补不能在她身边陪伴的机会。

以前，我总认为，母亲给自己戴上了一副"消极眼镜"，只能看到生活的消极面，所有的阳光快乐都被自动过滤掉。有时不等母亲说完，我就立刻给母亲出各种主意，比如要换个角度看世界、多看积极面、让自己动起来、学跳广场舞，还要换位思考、体谅父亲。

当我沾沾自喜，以为帮母亲打开心结的时候，母亲却轻声叹息："要是能做到你说的那样，就不跟你抱怨了。其实也没有想让你解决什么问题，就是跟你说说。"这次没有重蹈覆辙，我只是耐心地听着，母亲也比以往显得更轻松些。

感同身受比苦口婆心更有力量

我告诉母亲，我知道她生活很不容易，受了很多委屈。母亲笑了笑，接着说，其实结婚以前在娘家受的委屈更多。

外祖父重男轻女，在生产队干活的时候，就给母亲安排重活、累活。母亲是家里挣工分最多的，却经常无缘无故地跟着哥哥弟弟们一起受罚。外祖母倒是心疼母亲，但思想老旧，怕母亲女红不好，出嫁后会被欺负，就盯着母亲学做各种女红。最让母亲愤愤不平的是，她在一开始就拒绝了提亲的父亲，可她不但没有得到外祖父母的支持，反而被大骂了一顿，最后还是被迫嫁给了父亲。

母亲有一搭没一搭地说着。我仿佛看到面前坐着一个正在抽泣的小姑娘：她怨自己手太笨，女红没有进步；她哭不公平，没犯错却要受罚，给家里赚钱却得不到奖励；她内心极度渴望有人告诉她，她也很优秀。

此刻，我在心里生出一种敬意，敬重母亲面对各种不公和生活困境时的那种坚忍和勇敢；还有一份理解，是花甲之年、带着各种病痛的母亲，对认可、欣赏和爱的需求。

看到母亲情绪明显好转，我也很开心。想必这些平时无人可说的话，今天总算找了个出口。最后，她又叹了口气说，如果我是女儿就更好了，平时可以多打些电话，嘘寒问暖。

我尴尬地笑了笑，答应母亲，以后会给他们多打电话，晚上也会跟父亲聊聊。

改变比坚持更有生命力

饭后散步时，我试探着，半开玩笑地问父亲，怎么那么忙，忙到没时间带母亲去医院检查；还问他夜里打电话的时候能不能尽量小声，以免影响母亲的睡眠。我向父亲转达了母亲的抱怨和心理需求，希望父亲也能做些改变。

父亲愣了一下，弹了弹烟灰，略带尴尬地笑着告诉我，其实这些他都知道，确实让母亲受委屈了，他这些年也在努力改变，还需要一点时间。说完，他叹了一口气，又补上一句："你母亲就是那样的人，我怎么做，她也还是觉得不够好，抱怨几十年了。"听到这里，我们相视一笑，没有再说什么。

和父亲聊完，我内心如江海翻腾，久久不能平息。我问自己，我和太太的相处模式不就是父母相处模式的翻版吗？太太也说我"对外人很热心，对家人却很冷漠"，希望我对她多些关心、认可，在家能搭把手，但这些话都被我当成了耳旁风。

如何让自己不再重蹈父母的覆辙？如何让我的孩子不再重演我的模式呢？

想到这里，我立刻拨通太太的电话，向她表达感激，为她给家庭做出的贡献；向她道歉，为我曾经忽略她的感受；同时承诺改变自己，做家族的"转型人"。这段时间以来，我和太太的关系明显改善，她的笑容明显比以前多了。

利用画布层层深潜，U 出顿悟

和太太相处的困扰由来已久，总也没有找到根本性的解决方法。这次顿悟带来的结果令人豁然开朗。如果早些用心智反思画布反思一下，或许就可以早一点摆脱困境。毕竟顿悟并不像写一篇文章那么简单。通过 U 型画布，我可以清晰地看到自己对"太太抱怨"顿悟的过程（如表 5-11 所示）。

表 5-11　对"太太抱怨"的顿悟

两难的状况	如何处理太太的抱怨		复盘对象	复盘时间
选项	选项 A：随顺其意	选项 B：逃避不理	复盘教练	
1. 严重后果（VOJ）	工作被打断 占用更多的时间 没有主见	引发争吵和矛盾 影响孩子心理健康 影响工作 孩子不愿承担家务	7. 行动计划	每次在家至少主动做家务一次，其他时间配合太太做家务，偶尔制造小惊喜
2. 负面形象（VOC）	分不清主次 情商低，不会沟通 没有主见	不负责任 自私 懒惰	6. 行动策略	主动作为，择机择时，倾听欣赏，制造惊喜
3. 放下恐惧（VOF）	怕引发争吵和矛盾	怕影响工作	5. 新的愿景	一家三口，其乐融融，相互理解，相互支持
	4. 当下的顿悟			
	与其被动接受，不如主动作为			

通过心智反思复盘，我打破了三个旧模式：模式一，对事实的否认，带着偏见看事实；模式二，以自我为中心，失察，

缺乏同理心；模式三，固执己见，不愿做出改变。心智反思前后的我，对"太太抱怨"这件事的看法和理解截然不同。

心智反思之前的我是这样的：

太太抱怨我每次在家不出差的时候，都只是把时间放在工作上，家里油瓶倒了都不扶。我认为太太夸大其词了，而且我忙工作，也是为了家庭。我还认为太太需要理解我，我回家也需要休息和被照顾。我对太太的抱怨当时只是煞有介事地敷衍一下，或者干脆就是以各种理由推托，看不到太太的真实需求，固执地按照自己的想法行事，认为任何事情都没有工作重要。

心智反思之后的我是这样的：

我从母亲身上看到了，太太抱怨的背后其实代表了若干次不美好的回忆。通过换位思考，我感受到了一个家庭的女主人，如果长期得不到积极反馈和肯定，会变成什么状态，更能理解太太说过她和我母亲的处境和心境相似。通过观察父母交往的方式，惊觉自己是在重复父亲的模式，我要改变，做家族的"转型人"，不要让太太和下一代再受我这一心智模式的苦。

转变从自己开始，转变从心开始，任何不如意都是你改变和顿悟心智的机会。

心智模式决定了行为模式，行为模式决定了结果。行有不得时，绝大多数人都会去行为模式上寻找答案，其实真正的答案在心智模式上。

当你感到左右为难时，

当你发展遭遇瓶颈时，

当你辅导发展下属时，

当你想更上一层楼时，

······

无论何时，只要觉察到自己的心不自由，你就可以进行心智反思复盘。正如《肖申克的救赎》中所讲的那样，"心若是牢笼，处处为牢笼，自由不在外面，而在于内心"。

更多的心智反思复盘的内容，可扫描下方微信二维码观看心智反思复盘微课、心智反思复盘画布的使用。

心智反思复盘微课

心智反思复盘画布

本章复盘：智慧火花，精彩再现

回顾：本章让我印象最深的三点

_____

_____

_____

反思：此时此刻，我的感受和启发

_____

_____

_____

重构：我将做出改变的一点

_____

_____

_____

--- **老石寄语** ---

不要在人格层面看低别人，
不要在见识层面看高自己。
心智高度
决定了人生高度！

第 6 章

文化复盘，溯源到基因

以史为鉴，可以知兴替。

——李世民

　　文化对一个组织的影响有多大？全球组织变革权威、哈佛商学院终身教授约翰·科特和他的合作者历时 11 年，研究企业文化对企业发展的影响，最终得出结论：重视企业文化的公司与不重视企业文化的公司相比，前者收益增长速度是后者的 4 倍多，员工增长速度是后者的 7 倍多，股价增长速度是后者的 12 倍多，公司净收入增长速度是后者的 756 倍。

　　这一研究结果令人咋舌。为什么文化对组织的影响会如此之大？通用电气前 CEO 杰克·韦尔奇认为，企业的根本是战略，而战略的本质就是企业文化。任何企业都有两类问题：硬性问题和软性问题。硬性问题包括财务、营销、技术和生产等，软性问题包括价值观、士气和沟通等。韦尔奇认为，硬性问题通常会影响企业的底线——利润线，而软性问题会影响企业的上限——营业收入总额。简言之，管理影响着企业的生存，文化则决定了企业的发展。

　　正如基因决定了人的自然寿命，文化决定了企业的可持续发展，文化就是企业的基因。今天越来越多的企业高管开始意识到企业文化的重要性，将企业文化建设作为企业发展的头等要事。普华永道对 50 个国家 2000 位受访者的全球文化调研结果显示：65% 的受访者认为，文化比业务战略和运营模式更加重要；80% 的受访者表示，只有在未来 5 年计划中充分融入文化因素，才能获得业绩增长；71% 的高管表示，文化是他们管理议程中的重要主题。

　　文化如此重要，做好企业文化建设却并不容易，大量企业的文化建设存在"两大顽症"，使企业文化不能落地。本章将深入剖析文化建设的"两大顽症"以及文化变革的三个关键，进而总结出企业文化复盘的方法——未来探索，帮助企业溯源到基因，从源头上推进文化落地，帮助企业打造有利于业绩持续增长的文化土壤。

6.1　文化建设的"两大顽症"

企业文化不同于其他的商业话题：它没有量化的标准，更偏于感性，而非理性。这正是它看似难以琢磨却又在企业发展过程中如此强大的原因。这种特性也给企业文化建设带来了重大挑战。很多企业领导者困惑于文化落地和变革工作的过于复杂和分散，无法真正将其与可持续的业务发展联系起来，最终导致文化建设和经营管理相脱节，从而形成了企业文化建设普遍存在的"两大顽症"——"挂在墙上不落地"和"根深蒂固难变革"。

6.1.1　挂在墙上不落地

走进一家企业，我们在其墙上或多或少都能看到一些和企业文化有关的元素，如"成为某某行业国际领先的公司""致力于某某领域""以某某为本"。作为顾问，笔者一般并不在意这些挂在墙上的东西，因为这些未必是这家企业真正奉行的文化。笔者更愿意去感受这家企业办公室里团队的氛围，高管和员工沟通互动的风格，员工待人接物的方式，这些不经意间自然散发出来的"味道"，才真正代表着这家企业奉行的企业文化。假如合作得更深入一些，笔者会进一步观察，这家企业把钱发给了谁？提拔重用了谁？这是真正意义上更深层次的文化。

也就是说，那些挂在墙上、印在纸上的所谓企业文化，其实和这些企业真正在内心深处信奉的理念并不一致。从高管到员工，大家其实都很清楚这种不一致，但彼此心照不宣，看破不说破，自欺互欺，愚人愚己。墙上文化正是不少企业的现状。

为什么会出现墙上文化现象？原因有三。

第一，画饼充饥（对应大而空的文化）。

企业高层觉得，作为一家企业一定要有文化，而文化就是画大饼，于是照猫画虎，整一些"高大上"的说辞挂在墙上，愿景、使命、价值观，大而空，看似非常正确，没有人反对，但也绝对没有人拥护和追随。这些东西根本没有入心，自然就没有激发人心的力量。

这样的文化本质上和挂一些诸如"自强不息""厚德载物"之类的励志类书法作品没什么区别，是老板对自己的一种标榜、对员工的一种勉励、对未来的一种原始期许，有一点文化属性，但天然不具备落地基因。

第二，叶公好龙（对应知行不一的文化）。

高管能够认识到文化的重要价值，期望通过建设文化带来企业发展。把企业文化建设作为一把手工程，借助外部咨询公司，提炼出企业文化要素，并通过 VI 标识、文化展区等各种形式来呈现企业文化，制作各种文化手册，策划系列文化活动，甚至要求员工对愿景、使命、价值观以及经营理念张口就来。

当在工作中遇到复杂问题，涉及是非判断的时候，尤其是倡导的文化理念和领导者自由使用权力发生冲突的时候，他们往往就不再按照企业文化行事了，而是依照潜在的规则作为。这种倡导的文化和使用的文化的冲突，使文化变成了叶公好龙式的文化。这样的文化只能挂在墙上，留在嘴上，无法落地。

第三，曲高和寡（对应精英化的文化）。

这类企业文化体现的是最高层的意图，代表了精英阶层的诉求，没有给普通员工带来共同利益，没有融合普通员工的想法，无法体现普通员工的意志。为了让所有人认同文化，高层四处演讲、说教，但从来都是单向灌输，根本没有凝神倾听员工的想法。精英化的文化曲高和寡，自然少人跟随，令人敬而远之。

这三种原因交织在一起，导致文化最终成了一套对外宣传、对内宣贯却没有人跟随的说辞，结果也只能是挂在墙上。

6.1.2　根深蒂固难变革

要理解为什么企业文化变革难，我们就要先理解究竟什么是企业文化。企业文化是我们通常认为的愿景、使命和价值观吗？也是，也不是。

文化领域的权威埃德加·沙因（Edgar H. Schein）对文化的定义是：一个群体在解决其外部适应和内部整合问题过程中习得的一系列共享深层次假设的集合，他们在群体中运行良好有效，因此被群体传授给他们的新成员，并作为其解决类似问题时感知、思考和情感体验的正确方式。通俗来讲，文化就是一个群体在互动过程中形成的一套大家信奉的潜在规则。

如果企业公开倡导的愿景、使命、价值观和大家信奉的潜在规则是一致的，那就是这家企业的文化；如果不一致，这套潜在规则才是这家企业真正的文化。所以，不论一家企业有没有显性的文化，文化在组织中都是天然存在的，而且时间越久越根深蒂固。当文化不适应企业发展时，企业就必然需要对其做出变革。

文化变革对企业领导者而言无疑是更大的挑战，因为大量企业信奉的理念是自然形成的，领导者并没有主动建立文化的经验，自然也就很难具备主动变革文化的能力。所以，我们经常看到企业领导者洞察到重大的机会或威胁，推动组织战略转型去抓取机会或规避威胁，但不适应的旧文化处处掣肘于新战略，形成阻碍，最终导致战略转型失败。

企业战略转型的关键在于文化变革。只有培育了支持战略的文化土壤，新战略才有望落地。如果不对文化做变革，就匆匆进行战略转型，失败的概率必然大大增加。

6.2 文化落地的三个关键

如何破除文化建设的"两大顽症"？如何让我们期望的文化落地？如何让文化真正引领经营？大家先来看一个成功实施文化变革的案例。

案例 6-1 文化变革带来日航新生

2010 年 1 月 19 日，日本航空公司（以下简称"日航"）宣布破产，震惊了整个日本。政府不愿看到日航倒闭，便邀请被誉为"经营之神"的稻盛和夫出山，希望他能缔造奇迹，拯救日航。

稻盛和夫虽然曾经创立了两家世界 500 强企业，但当时已经 78 岁高龄，而且没有任何航空运输业的背景。他能拯救日航吗？质疑之声不绝于耳。

出乎媒体意料，稻盛和夫仅用了一年多的时间就帮助日航实现了当年航空公司的最大盈利，并一举创造了利润世界第一名、服务水平世界第一名、准点率世界第一名的奇迹！他在不到三年的时间里带领日航摆脱经营困境，重新上市。

稻盛和夫究竟做了什么，让原本已破产的日航重获新生？

原来，稻盛和夫接手日航后发现：日航的管理者普遍没有经营意识，拿不出翔实的经营数据，对外界经营环境不敏感，没有危机意识，甚至因为有政府保障，觉得破产了也没什么关系；普通一线员工普遍态度傲慢，只关注执行手册的要求，执行僵化，根本就不在乎客户的需求；管理层和员工之间几乎没有交流，管理层不了解一线情况，只顾发号施令，一线员工不理解政策的意图机械执行，缺乏共识和团队意识。稻盛和夫很快意识到，日航之所以落到破产的地步，根源在于人心涣散，是企业文化出了问题。

要彻底解决日航的问题，就必须推进日航的改革。当时，稻盛和夫运用了他的两大法宝——阿米巴和稻盛哲学。阿米巴是经营的实学，解决的是经营模式和管理运营的问题；稻盛哲学是文化，解决的是经营理念和意识的问题。两大法宝相辅相成，缺一不可，在用阿米巴推动经营变革之前，首先用稻盛哲学推动文化变革，改变大家的经营理念和意识。最终，稻盛和夫通过文化变革为经营变革奠定了扎实的基础，在很短的时间内重塑了日航，创造了奇迹。

下面笔者就结合稻盛和夫拯救日航的案例，阐述文化变革成功的三个关键：以身作则、全员参与和虚实结合。

6.2.1 以身作则，领导树立榜样

组织高管，尤其是一把手的以身作则是文化变革的关键。作为组织高管，首先要提出明确而有效的理念，然后用自己的言行为下级树立榜样，这样的理念才能被认同、被追随。成功创建两家世界 500 强企业的经历佐证了稻盛哲学的有效性，以零工资出任董事长的稻盛和夫，其一言一行无不身体力行地见证着自己的经营哲学。

案例 6-2 以身作则点燃和感召日航员工

稻盛和夫在日航危难之际到来，3 万名员工、6 万只眼睛盯着他：你倡导要"敬天爱人"，要"付出不亚于任何人的努力"，要"降低奖金，先顾集体再顾自己"，首先要看看你自己是怎么做的。稻盛和夫最了不起之处就在于，他以近 80 岁的高龄，全身心投入工作中。正因为如此，才点燃和感召了一个个不甘平庸的灵魂。

稻盛和夫确实是航空运输业的门外汉，没有任何经验，但他拥有有效的管理哲学。他给日航的员工们讲哲学，为了让他们理解和接受，连续几天加班到晚上 9 点，与他们一起召开学习会。稻盛和夫是董事长，但他不拿一分钱工资，晚上还买酒、买小菜和大家一起吃。回到宾馆，宾馆的餐厅已经关门，他就到旁边的便利店买东西……到日航的第一个月，开会 17 次，他亲自讲了 6 次。

学了马上就要用，稻盛和夫每个月都要召开业绩报告会，让每位员工讲解他们如何将所学的东西运用于实际的经营中。他给日航的全体员工写了一封信。信中提到，针对日航的现状，员工们要反省，要谦虚，要有勇气，要坦诚，要勤奋努力，要乐观、有梦想，要抱有感恩之心，以及掌握企业经营者必须具备的核算意识和方法。这封信几乎包括了稻盛哲学的全部精髓。

稻盛和夫为了帮日航人重塑信心，费了很多心思。在他的盛和塾，他印了55万张日航后援团卡片，号召盛和塾的会员们，以及他们的家属、朋友、员工都选乘日航，并在机场将写有鼓励话语的卡片送给日航员工。稻盛和夫还到各个机场巡访，与一线员工直接对话，要求一线员工对乘客抱有真诚的感恩之心。

稻盛和夫乘坐飞机时，也总是坐日航的经济舱，表示自己要和员工同甘共苦。这些努力既是为了改变乘客的评价，也是为了改变日航员工的心境。

稻盛和夫以身作则传递出来的强大的精气神使日航员工感受到他的辛勤与热情。员工们思想慢慢开始转变，工作中由相互推诿变得主动承担，由情绪低落变得热情高涨，由消极工作变成积极投入。

日航的一位高管说："正如稻盛所言，小时候学校、家长教我们的这些道理，十几年来，我不但没有掌握，没有实行，而且根本一点都不重视。如果我们早早明白这些道理，日本航空就不会破产。是我们怠慢了、忽略了做人做事的基本原则。从今天起，我们要彻底改变自己，天天给部下讲哲学，努力与他们共同拥有正确的哲学。"

说起拯救日航，稻盛和夫后来说："我零工资的奉献行为给了全体员工以很大的精神鼓励。我接受政府的邀请出任公司董事长时，已是将近 80 岁的老人。在许多员工眼里，我是他们的爷爷、父亲或叔叔。我一生与日本航空公司没有什么关系，却愿意不领一分钱工资为日本航空公司的重建奉献最后的力量，给了全体员工一个很好的榜样。"

6.2.2　全员参与，凝聚人心共识

全员参与是文化入心的关键，因为没有参与，难有共识；没有共识，难有承诺；没有承诺，难有行动。稻盛和夫推进企业文化变革用了三个阶段，让日航全员以不同的方式参与了新文化的建设过程，让稻盛哲学指引下共创的《日航哲学手册》成了大家共同的成果，成了全员的共识，而参与文化建设的过程就是文化落地的过程，就是凝聚人心共识的过程。

案例 6-3　全员参与，重塑日航文化

3 万多人的企业，如何开展文化变革，实现文化的重塑、共识和落地执行呢？稻盛和夫通过高管理念共识、中层理念传导和基层理念落地三个阶段来开展。

第一阶段，是针对高管的领导学习会。将稻盛哲学融合到日航经营过程中，为日航高管量身定制了课程。第一期学习一个月，多达 17 次。通过学习，原本持有反对意见的高管也接受并支持新的文化理念。

第二阶段，是针对中层的领导教育。通过组织每月课堂，

近 3000 名主管学习了稻盛和夫的哲学和实学，稻盛和夫的经营哲学开始慢慢由高层管理者向中层管理者，乃至员工渗透。

第三阶段，是针对日航全体员工的哲学教育。稻盛和夫选拔了 10 名管理者编制《日航哲学手册》，并对全员进行教育。《日航哲学手册》作为文化教育的"教典"，它明确了日航的经营理念，指明了日航今后应该以什么样的思维方式、什么样的哲学为基础来开展经营活动。员工学习的过程，不是被动地接受宣贯，而是讨论按照《日航哲学手册》该如何改进其日常工作。

正是靠着全体员工把《日航哲学手册》作为公司文化，日航的风气发生了彻底改变。即使工资奖金下调，员工们也发自内心地愿意和公司共同努力，创造全新的日航。

6.2.3 虚实结合，融入经营管理

融入经营管理是文化落地的关键，务虚的文化只有落实到经营行为才能发挥其作用。脱离经营，理念再好，也不过是空中楼阁。稻盛哲学是文化，阿米巴是经营管理模式，后者离了前者无法有效运转，前者离了后者也同样无法落地，哲学与实学二者浑然一体。

案例 6-4　推动经营管理变革，落地日航哲学

稻盛和夫为日航导入稻盛哲学，编制《日航哲学手册》，完成文化变革之后，开始导入阿米巴模式，并重点从两个方面开展了经营管理变革。

变革机制，打破官僚体系

日航之所以破产，是因为盲目的扩张和严重的官僚主义。现场与总部的渠道不同，现场的要求和问题反映不到管理层，所以他首先对企业的经营服务意识进行了变革。

稻盛和夫原本以为，经营航空公司最关键的要素，是拥有最先进的客机和最完善的设施。但是，当他成为日航董事长后，他发现，给乘客提供一流的优质服务和舒适安全的飞行环境，才是最为重要的。

因此，稻盛和夫深入第一线，与乘客、机长、客舱服务员、行李搬运员、地勤人员交流，一起商议提高服务质量的问题，一起研究如何改善客舱餐，制定了40个项目的优化服务内容，使员工和他一起拥有共同的价值观，拥有共同的经营理念，做到"物心两面一致"。日航新的企业理念因此开始落地。

让优秀的员工脱颖而出，选拔优秀的员工担任管理干部，培养一批年轻优秀的人才，也是他十分重视的工作。因为只有这样，公司才能打破陈旧的官僚体制，使每位员工树立起经营者的意识，建立起一种创新的公司规则，让人人都成为公司的主人。

变革运营模式，强化经营意识

稻盛和夫担任董事长后，最为吃惊的是，公司的各项统计数据不仅不全，而且统计时间很长、很慢，集全数据往往需要三个月之后，以至于经营者无法迅速掌握公司的运营情况。所以，在对企业内部进行变革时，他特别关注统计工作。

经过变革，各个部门的数据做到即有即报，公司详尽的经营报告做到了一个月内完成。同时，对公司内部经营体制实施了改革，实行了航线单独核算制度，并确定了各航线的经营责任人。独立经营，独立核算，这正是阿米巴模式的精髓。

许多人认为，企业经营最重要的是确立经营的战略。稻盛和夫则认为，最重要的是那些看不见的公司风气和员工的意识。也就是说，如果每位员工都能够为自己的公司而自豪，都能够发自内心地为公司服务，那么这家公司就一定会发展得很好。相反，员工成为"批评家"，经常批评自己的公司，这样的公司就一定会破产，经营者再努力也很难好起来。

通过稻盛和夫拯救日航的案例，我们可以看出，组织变革的关键在于文化变革，文化变革的关键在于领导者以身作则、树立榜样，全员参与充分、凝聚共识，使文化与经营管理有机融合。

6.3　未来探索：文化复盘让文化落地

正如黑格尔所言，存在即合理。企业文化也是如此，一家企业的文化能够支撑一家企业一路走来，一定有其合理性。我们要实施文化变革，想让公开倡导的愿景、使命、价值观落地，首先要明白一点：我们无法用新文化颠覆旧文化，正如种子离开土壤无法生长。我们只能，也必须要做的是从旧文化的土壤中汲取养分，孕育出新文化这枚种子。而旧文化的养分就蕴含在企业的历史长河中，就蕴藏在全体员工的心声中，那是一路走来的酸甜苦辣，那是付诸情感的喜怒哀乐。

所以，最有效的文化落地，就是文化复盘。大家一起徜徉在企业的历史长河中，忆往昔峥嵘岁月，溯源企业的成功基因，走好传承之路，回望初心，展望未来，凝聚共识，互相赋能，一起走出舒适区，拥抱挑战，拥抱未来。这就是 AACTP 文化复盘工具——未来探索，即通过引导企业员工复盘文化，推动文化落地的过程。

6.4 未来探索的四个特征

未来探索是一个经典的促动工具，它把文化复盘的过程打造成一个神奇的时光之旅，将全组织甚至是全系统的关键负责人和利益相关者聚在一起，共同探索在全球化及多变的环境下彼此共同的过去、现在和未来，跳出隔阂，聚焦共同点，凝聚集体价值观，启动共同愿景，让大家一起进入丰富而美好的未来。

当绚丽的图景在大家面前徐徐展现时，我们得以畅游梦想，并形成贯穿现在和未来的详尽计划，实现自我管理，承诺对行动负责。系统思考、全球视角、探寻梦想和引发行动是未来探索独特的四大特征。

6.4.1 系统思考：同一个空间，同一个梦想

未来探索会议邀请参与复盘的人员可以涵盖各种利益相关者：有的人拥有权力和资源，可以制订切实可行的行动计划；有的人拥有专业知识和信息，可以引领研讨方向；有的人有需求，可以贡献出不同的期望和给出反馈信息。各种类型的利益相关者聚在同一个空间中充

分交流，从全局思考，整合资源，以实现共同的梦想。

6.4.2 全球视角：扩大视野，洞察机会

VUCA 时代，企业经营的内外部环境都在发生变化，企业面临很大的不确定性。从外部看，技术变革、客户需求变化以及竞争对手的发展等，会对内部员工的知识、能力、态度提出不同的要求。因此，企业需要经常审视、洞察和识别商业发展趋势，从而保证自己走在正确的道路上。

未来探索会议要求参与者从全球范围内看整个行业、自己所在的公司以及个人，从三个维度进行回顾，让参与者跳出自己的位置，站在更高的维度看到来自不同角度的信息，从更大的视野洞察行业发展的趋势，洞察机会。

6.4.3 探寻梦想：凝聚共识，共启愿景

未来探索要求参与者按照时间顺序，从过去发生过的对组织文化形成影响的大事件中，挖掘价值观特征，共识核心价值观，结合当下行业发展的变化趋势，共同设计组织的未来愿景，明确组织的使命。

6.4.4 引发行动：建立承诺，增强责任感

未来探索要求参与者以自我管理的方式管理小组，在研讨的不同阶段承担不同的角色，并让参与者交换角色进行体验，增加每个人锻

炼领导力的机会。在小组自我管理的过程中，打破组织原来的架构和身份差异，引导参与者主动为学习和行动负责，使得每个目标及其对应的行动都有人主动认领，承担责任。

6.5 未来探索的五个步骤

曾成功指导通用汽车进行文化变革的乔恩·卡岑巴赫（Jon R. Katzenbach）在《关键的少数》一书中提到，没有一种文化是"面面俱到的好"或者"毫无可取的差"，每一种文化都是企业内在的情感能量，可以相互平衡，我们要在现有文化中寻找这种能一以贯之的情感能量。未来探索复盘文化的过程，正是引导大家一起寻找这种"一以贯之的情感能量"，并将其放大到未来的过程。

未来探索开展企业文化复盘共五个步骤（如图6-1）：第一步，回顾过去，回顾组织的历史长河，从各种关键事件中提炼出组织的核心价值观；第二步，分析现在，识别行业的变化和发展趋势，洞察未来机会；第三步，规划未来，结合前两步的结论，探寻大家的共同梦想，创建共同愿景；第四步，凝聚共识，会聚组织使命宣言，一起共担使命；第五步，落地行动，确定企业文化落地的行动计划，并主动承诺行动。

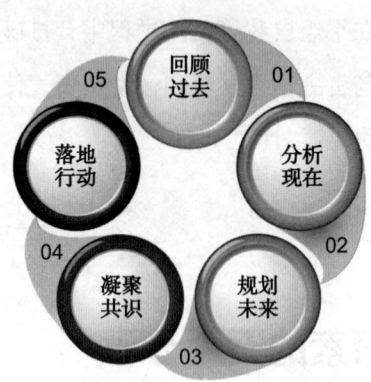

图 6-1　未来探索的五个步骤

表 6-1 就是 1 天版的未来探索工作坊流程示范。

表 6-1　未来探索企业文化复盘工作坊流程简表（1 天版）

流程	步骤	目的	用时
开场	领导发言	介绍背景及复盘要求	15 分钟
回顾过去	开展"时间长廊"活动 根据典型事件，提炼价值观 价值观诠释 价值观落地行为共创	提炼价值观	90 分钟
分析现在	趋势头脑风暴 趋势合并 赛道共识	共识趋势	75 分钟
规划未来	共识产业终局 描绘江湖地位 一句话＋一幅画	共启愿景	45 分钟
凝聚共识	聚焦利益相关者，明确价值点 使命宣言	共识使命	45 分钟
落地行动	确定落地活动目标 讨论落地活动	共享文化	60 分钟
城镇会议	汇报企业文化复盘结论及落地方案	成果汇报	30 分钟

6.5.1　第一步，回顾过去，提炼价值观

价值观就像空气，看不见，却无处不在；摸不着，却时刻影响着我们的行为。企业价值观时刻影响着企业成员的行为，是企业成员独有的做事方式，是不用特意解释就能明白的内部准则。前提是企业公开倡导的价值观必须是共同价值观，否则真正起作用的就是那些潜在规则。未来探索的第一步，就是通过让参与者一起回顾过去发生的点点滴滴，提炼并形成一套指引我们行动的共同价值观。

首先，不是价值观，而是共同价值观。

领导力专家詹姆斯·库泽斯（James Kouzes）和巴里·波斯纳（Barry Posner）经过长期研究，发现员工在工作中的投入度（最低1分，最高7分）和"个人价值观明确程度""组织价值观明确程度"两个维度密切相关（如图6-2所示）。

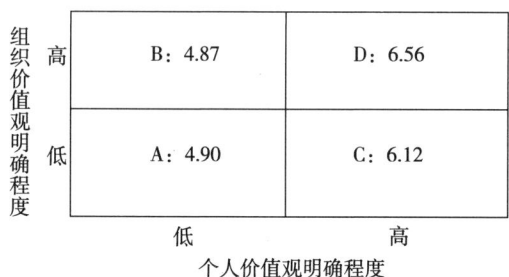

图 6-2　价值观明确程度对工作投入度的影响

每当笔者在文化复盘工作坊上展示这个结果时，所有的参与者都很惊讶，感觉很颠覆自己的认知。D 区排第一，符合所有人的直觉；C 区排第二则出乎大多数人的意料；本以为应该排第二的 B 区却是倒数第一，还略低于 A 区。

这个研究成果揭示了，真正影响一个人投入的是个人价值观的明确程度，而非组织价值观的。当然，工作投入度最高的区域是个人价值观和组织价值观明确度都高的时候，这个时候的组织价值观就成了共同价值观。

这也给了我们一个答案：我们只能通过明确个人价值观，进而提炼出组织价值观，才能形成共同价值观。这正是未来探索文化复盘第一步要帮助组织去实现的。

其次，从共同经历中提炼出共同价值观。

20 世纪 90 年代，郑智化的一首《水手》风靡全国，哪怕如笔者这种当时还未见过大海的北方人，也会时不时哼上几句。"他说风雨中这点痛算什么，擦干泪，不要怕，至少我们还有梦……"这首歌能引发如此强烈的共鸣，其根源在于歌曲传递出来的那种"面对困境时坦然，历尽沧桑后坚忍"的水手精神，这正是跨越了五千年，深埋在我们骨子里的中华民族的共同价值观。

一个民族跨越共同的历史会形成共同价值观，一家企业也同样如此，这样的共同价值观正是支撑我们一路走来的情感能量。我们可以通过一起回顾过去，穿越共同经历的时光隧道，凝聚这种情感能量，提炼出共同价值观，继续支撑我们逐梦未来。

未来探索的第一步，就是引导所有参与者从不同角度回顾：过去10 年（视回顾周期而定），个人、企业、行业发生过的重大事件，探寻这些重大事件所代表的价值观，进而提炼出大家共同重视的核心价值观。回顾过去共包括三个具体步骤。

第一步，重大事件的回顾。

提前用莫拉卷纸在一面墙上布置好"时间长廊"（如图 6-3 所示），"时间长廊"分为两条线，上方为组织线，下方为个人线，回顾周期按照顺序区隔为不同的时间区间。围绕文化复盘主题，邀请每位参与者从组织、个人两个维度回顾曾经发生的重大事件，并书写到便笺上。可视人数约定每人书写的数量，如组织 3 张、个人 3 张。把写好的便笺张贴到"时间长廊"的对应位置。

图 6-3 "时间长廊"公开课现场照片

复盘教练可以通过如下问题引导大家。

在过去的 10 年里，个人或公司经历了哪些重大事件？

顺应了行业内哪些重大机会？

遭遇了行业内哪些重大挑战？

有哪些处于巅峰的高光时刻？

有哪些处于低谷的至暗时刻？

有哪些非常有意义的时刻？

把这些典型事件书写到便笺上。

反思这些典型事件，背后有哪些重要的价值观在发挥作用？

把发挥作用的价值观关键词用醒目的颜色书写到便笺上。

第二步，共同价值观的提炼与诠释。

当所有参与者把书写好的便笺张贴到对应位置后，复盘教练召集所有伙伴共同浏览、汇总了所有人回忆的"时间长廊"，并就关键事件相互交流，引导大家在回顾关键事件的同时，反思到底是什么造就了今天的我们，哪些重要的价值观支撑着我们一起走到今天。

通过个人、组织维度的大事件回顾，以小组为单位按照表 6-2 的格式一起萃取组织核心价值观，并结合"时间长廊"上的关键事件，从文字表达、形象表达、标志性人物 / 事物、典型事件几个角度诠释价值观。

表 6-2 价值观诠释表

文字表达	形象表达	标志性人物 / 事物	典型事件

价值观提炼和诠释的时候，复盘教练可以通过以下问题进行引导。

是什么样的价值观支撑着我们一路走来？用文字表达是什么？

为了一起走得更远，我们需要植入或放大哪些价值观？

如何表述会让整个价值观变得生动形象？

组织内外部有哪些标志性人物或事物最能体现我们的价值观？

有哪些典型事件最能体现我们的价值观？

价值观的诠释非常重要，抽象的词语是打动不了人的。有了形象表达、标志人物/事件、典型事件的诠释，抽象的价值观关键词瞬间鲜活起来，尤其这种诠释是所有参与者共创的，同时诠释用的素材又是以"时间长廊"中的关键事件为基础的。

以华为公司为例，华为的核心价值观可以总结为：成就客户、艰苦奋斗、自我批判、开放进取、至诚守信和团结合作。词语表述都很棒，但如果只是这几个抽象的词语，这样的表述就毫无生命力。任正非的高明之处就在于对这些词语进行了形象诠释、形象表达（如表6-3所示）。如此，整个文化就有了生命，有了激发人心的力量。

表6-3 华为公司价值观的诠释

文字表述	形象表达	标志性人物/事物	典型事件
1. 成就客户 2. 艰苦奋斗	"特立独行的龟" "以客户为中心，以奋斗者为本，长期坚持艰苦奋斗" "基层要有饥饿感，中层要有危机感，高层要有使命感"	泥潭越野车 布鞋院士李小文	非洲开拓业务
3. 自我批判 4. 开放进取	"我认为人的一生中从来都是红蓝对决的，我的一生中反对我自己的意愿，大过我自己想做的事情——就是我自己对自己的批判远远比我自己的决定还大。" "'企花'薇甘菊——野蛮生长。"	蓝军 VS 红军 薇甘菊	《华为的冬天》《下一个倒下的会不会是华为》
5. 至诚守信 6. 团结合作	"毛尖草式的倒生长模式" "氛围就是生产力"/"不让雷锋吃亏" "胜则举杯相庆，败则拼死相救"	巴西毛尖草 千手观音	员工持股

第三步，共同价值观的分享与整合。

在所有小组都完成价值观共创后，请各小组以情景剧、角色扮演、集体朗诵等生动活泼的方式展现成果，并在展示之后，用集体投票的方式对核心价值观的文字表达进行整合聚焦。公司高层领导可以根据大家呈现的成果，以及投票表现出来的倾向性，现场决策或小范围讨论后决策。

经过以上三个步骤，从大家共同经历的过去中提炼出来的共同价值观，其本质上就是一直存在于组织的情感能量，只是大家一起将其显性化了。因为所有参与者都参与了提炼的过程，该共同价值观自然获得了大家发自内心的承诺。

有人可能会略有疑惑，这三个步骤更像是一个共创价值观的过程，但是我们的企业已经有了成文的价值观，该怎么做呢？

其实也很简单，组织已经有的价值观只是价值观诠释表达中的文字表达，复盘教练可以以组织已有的价值观文字表达为基础，引导大家进行进一步的诠释和落地，让抽象的文字表达鲜活起来，赋予其意义，建立人与文字之间的链接，进而让组织价值观转变为共同价值观。

6.5.2 第二步，分析现在，洞察趋势

趋势就是风口。企业发展要顺势而为，顺势不一定会成功，但逆势一定会失败。未来探索的第二步虽然是分析现在，却是从现在的发展中去发现规律，洞察行业发展的未来趋势。

首先，不是看见，而是共同看见。

因为小米的成功，雷军的那句"站在风口上，猪都可以飞起来"

成了很多人引用的创业金句，但是这句话的后半句"长出一双小翅膀，就能飞得更高"鲜有人提及。纵观这些年不断涌现出的创业风口，无论是共享单车，还是无人商超，站在风口上的企业不少，能够活下来的屈指可数。归根结底，站在风口上固然重要，但能否凝聚企业的力量，让自己长出一双小翅膀，才是能否获得成功的关键。

其实，世上并不缺少能洞见趋势的人，真正缺少的是洞见趋势之后，能让组织所有人都相信、上下同欲、把事做成了的人。未来探索的第二步，就是营造一个场域，每个人都能分享自己对趋势的洞察，能够充分凝聚大家对趋势的共识，让少数人对未来趋势的洞见成为所有参与者的共同洞见。让未来趋势不是一个人看见，而是大家共同看见。

其次，共同看见未来趋势。

带着回顾过去的感悟，复盘教练引导所有伙伴回到现实世界，回顾过去的信息并判断当下正在发生的重要趋势，通过三个步骤将其以思维导图的方式呈现出来，让所有参与者都看到我们所在的行业未来的可能趋势，并做出选择。

第一步，每个人把自己感受到的行业发展趋势写下来，粘贴到行业变化与趋势表（见表6-4）上，在小组内分享行业已经发生和正在发生的变化，及其对应的发展趋势。哪怕是相反的趋势，只要有依据就是可以的。每个趋势要对应一个具体事例进行说明，分享的时候需要说明趋势的走向，如从少变多、从低到高、从 A 到 B 等，同时还要分享判断趋势的原因及具体的例子。复盘教练可以通过以下提问进行引导。

从历史的旧照片穿越，我们进入现实世界，我们现在的状态是怎样的？

如何看到更大、更全面的图画？

通过现在看未来，现在我们看到了行业发展已经发生或正在发生

哪些变化？

变化对应的趋势有哪些？

有哪些证据可以证明这些趋势正在发生？

表6-4　行业变化与趋势表

已经发生的和正在发生的变化	趋势
变化1： 变化2： 变化3： ……	趋势1： 趋势2： 趋势3： ……

第二步，复盘教练引导各小组分享趋势，并用思维导图（如图6-4所示）引导参与者梳理和补充优化，通过投票凝聚趋势对本公司影响程度的共识。复盘教练可以通过以下问题进行引导。

哪些趋势是你比较关注的？

哪些趋势对你的影响比较大？

每个人根据趋势影响的重要程度进行投票，选出三项自己认为对公司业务影响最大的行业发展趋势。

图6-4　现场思维导图示例

绘制思维导图的过程是将收集到的所有信息可视化，放到一面墙上，快速形成整体画面的过程；让所有人看到思维导图的梳理和提炼的过程，就是大家整合信息、逐步清晰整体趋势的过程。通过全员投票，达成共识，聚焦大的趋势方向，快速反应，找到未来发展的赛道和定位。

在绘制思维导图的过程和投票聚焦的过程中，我们不需要评判对错，重要的是听取不同的信息和想法，在分享的过程中整合信息，形成共识。

第三步，共识赛道，分享感受。引导所有参与者结合思维导图所展示的趋势，共识我们未来可选择的赛道，并通过表 6-5 反思现在与赛道相关的工作。复盘教练可以通过以下问题提问引导。

经过分析，我们认为未来定位的赛道是什么？

审视一下我们正在开展的工作，我们现在所做的事情，有哪些值得骄傲，是符合赛道的？有哪些觉得遗憾，是不符合赛道的？

把这些工作列出来。

表 6-5　赛道选择与反思表

赛道共识	值得骄傲的工作	觉得遗憾的工作
	1. 2. 3. ……	1. 2. 3. ……

人们常说，真理往往掌握在少数人手里。于是，难免会有人担忧，这种群体讨论、群体决策选出的赛道会不会把组织的未来带偏？

其实，担忧大可不必，因为这里呈现的是大家共识的未来可能性，是大家内心真实认知的集体展现，给了高层领导洞察所有参与者对未来认知的机会，也给了高层领导通过开放的对话把自己的洞见凝聚为大家的共识的机会，而最终选择什么赛道，决策权还在企业高层。让所有人参与到公司未来发展的讨论中，这件事本身就对每个人都意义非凡。

6.5.3　第三步，规划未来，共启愿景

拥有共同价值观可能会让我们成为朋友，拥有共同梦想才有可能让我们成为事业伙伴。愿景就是凝聚人心的共同梦想。

愿景界定了一个组织生存的意义，描述了组织的梦想和前景。这是组织发展最重要的内在驱动力，是感召所有员工努力的精神力量，看似至虚，实则至实。未来探索的第三步是对组织未来的宏观规划，是所有参与者共启愿景的过程。

首先，不是愿景，而是共启愿景。

愿由心生。然而，看看身边的企业，有多少"高大上"的愿景是被挂在墙上，印在纸上，却从来没有生出感召人心的力量？

之所以出现这样的状况，源于根深蒂固的自我中心思维。有些领导者认为他们个人的愿景就是组织的愿景，就是所有人当然应该追随的愿景。

这样的思维，在过去大致行得通，因为过去的人是外部权威导向，他们渴望一个国家、一个组织、一个团队有一个权威的领导，指引方向，庇护自己，营造安全感；但新一代的人是自我权威导向，他们不再轻易相信倾向于权威，而是高度自信、自立，以自我为中心。

过去的人倾向于追随领导者，现在的人却更愿意追随自己内心的

声音。如果一个人会被愿景激发，大多是被自己的愿景激发的，而不是被领导者的愿景激发的。

因此，领导者要转变自己的思维，抛弃自我中心思维，由以自己为中心打造愿景转变为以每个人为中心共启愿景。他们需要走近员工，凝神倾听，深入对话，凝聚共识。这些源于组织各个层级的诉求，是一个组织鲜活的梦想，它不仅落在纸上，流传在组织的言语里，更生长在每个人的心里。

如此，愿景才具有了激发人心的精神力量，才拥有了强大的内在驱动力。

其次，共启愿景，愿由心生才叫愿景。

承接第二步对未来趋势的洞察之下选定的赛道，全体参与者共同启动愿景。让参与者充分发挥想象，畅想企业未来的发展愿景，并想象在未来的某一个时间，达成愿景之后的成功景象，用情景剧、歌唱、新闻采访、诗歌朗诵等形式表演出来。这种感性的活动方式，让人们积极参与到美好未来的建设中，加深相互理解，充分凝聚愿景共识。复盘教练通过以下两个步骤来进行引导。

第一步，复盘教练引导大家反思，企业所在的细分市场是什么，未来我们要在这个细分市场上取得什么样的成绩。想象企业在未来10年或20年后的成功景象，并用文字表述出来。复盘教练可以通过如下问题提问引导。

我们相信产业的未来是什么样的？

我们希望在这个产业中会处于什么样的地位？

我们公司将去向哪里？

第二步，复盘教练引导大家用一句话和一幅画来描绘我们的愿景共识。复盘教练可以通过如下问题提问引导。

如果把我们的愿景用一句话总结，我们会如何总结？

用一张图表达，会是什么样子呢？

每个小组通过讨论描绘未来的共同愿景，将愿景用文字和图画的方式呈现出来，并进行大组分享。通过理性提炼和感性描绘，愿景变得更有感召力和独特性。

案例 6-5 众行行动学习研究院共启愿景

众行公司一直坚持"自己卖的药，自己首先要吃"的原则。我们也用同样的方法共同研讨和创建了行动学习研究院的愿景，通过多次研讨，大家最终形成了以下共识。

问题 1：我们相信的产业未来是什么样的？

答案：培训就是企业直接提升绩效的管理方式，工作即最有效的成长手段。

问题 2：我们的企业将在这样的未来中处于什么样的地位？

答案：行业引领者。

问题 3：如何用一句话表述我们的愿景？

答案：让行动学习成为中国企业的首选管理方式。

问题 4：用一幅画描绘出我们的愿景。

答案：如图 6-5 所示。

图 6-5　众行行动学习研究院愿景图

6.5.4　第四步，凝聚共识，共担使命

何为使命？使命和愿景有何不同？我们用"志同道合"这个词来帮助大家简单理解。愿景就是我们要一起走的那条"道"，使命则是凝聚一群"志"趣相投的人一起去走。愿景给了我们终极目标，使命则凝心聚力让其得以实现。未来探索第四步探讨的就是为了达成愿景，如何激发使命感。

首先，超越金钱的成就感，超越小我的大追求。

使命是指企业未来长期聚焦于一件事，体现了企业在达成愿景过程中需要完成的战略任务，通过实现这些战略任务对应的目标来为利益相关者创造价值，实现对社会、客户、员工及股东的承诺。作为企业的战略选择，使命决定了企业的战略方向和战略目标，践行使命的过程就是将经营理念转化为经营成果的过程。

著名战略专家曾鸣教授在解释使命感时说，使命感本质上是解决组织存在的意义。什么叫组织？组织是一群人走到一起，完成任何单个人不能完成的任务。什么样的人为了什么走到一起，这是企业存在的终极目标。如果仅仅以钱作为存在的目的，从战略学的角度来说，是没有差异化的。因为钱是过于同质化的东西，没有差异化就没有办法吸引更好、更不一般的人才。

没有钱是万万不能的，但钱绝对不是万能的。要想吸引最优秀的人才，与其一起做出一番事业，企业就必须要创造出一种超越金钱的成就感、一种超越小我的大追求。这就是使命的重要意义。

其次，凝心聚力，共担使命。

未来探索的第四步，复盘教练引导所有参与者一起厘清企业的使命，反思使命是否清晰、一致，是否能支撑愿景的达成，把愿景、使命、价值观三者整合成一段振奋人心的话，让每个人都理解组织要为其利益相关者创造的价值和贡献，让每个人都认识到自己正在参与一项伟大的事业，从而更加清楚自己工作的意义和目标。复盘教练通过以下两个步骤进行引导。

第一步，厘清使命，明确公司要实现的社会价值、员工价值、股东价值和客户价值等。小组一起讨论，为了实现愿景，我们的事业到底是什么，该事业会为利益相关者创造什么价值，并将讨论成果呈现在使命地图上（如图 6-6 所示）。复盘教练可以借助以下问题进行引导。

假如我们未来 N 年只做一件事，这件事是什么？

这件事的利益相关者有哪些？包括社会、客户、员工、股东等吗？

找出不超过五个最核心的利益相关者。这些人都有谁？为什么他们是核心利益相关者？

为了实现组织的愿景，我们需要为这些核心利益相关者分别创造什么样的价值？

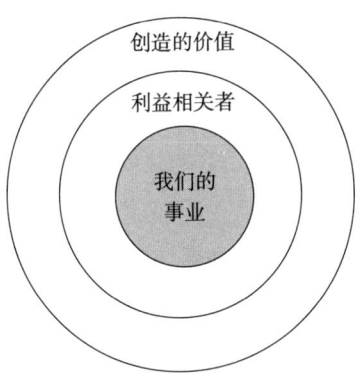

图 6-6　使命地图

为了帮助大家理解使命地图如何使用，笔者以众行行动学习研究院厘清使命的过程为例。在众行行动学习研究院，我们的事业是行动学习，我们的利益相关者有促动师、项目顾问、合作讲师、销售顾问、培训师、HR[①]、企业管理者、企业老板、培训机构、职场员工等，聚焦核心利益相关者是促动师、培训师、HR、企业管理者和企业老板，为他们创造的价值是：成为培训行业的引领者，让培训更有价值，直接支持组织绩效，让团队管理更有效，让战略落地更有效等（如图 6-7 所示）。

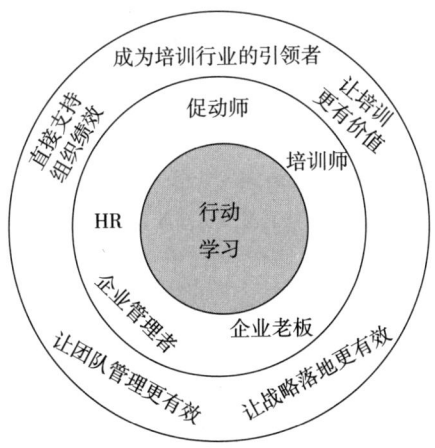

图 6-7　众行行动学习研究院使命地图

---

① HR，人力资源，具体工作中常指从事人力资源管理工作的人。

第二步，引导团队，借助使命宣言模板（如图 6-8 所示），把愿景、使命和价值观整合成一段振奋人心的话，这是所有参与者的共识，也是所有参与者的承诺。

使命标题

对我们而言，最重要的是实现＿＿＿＿＿＿，我们将秉持＿＿＿＿＿＿＿＿＿的价值观，通过＿＿＿＿＿＿，让＿＿＿＿＿＿获得＿＿＿＿＿＿＿。为此，我们将以最大的心力去实现！

××× 团队

图 6-8　使命宣言模板

为了帮助大家理解使命宣言模板的使用，笔者仍然以众行行动学习研究院为例。通过使命宣言模板，团队共创出了使命宣言（如图 6-9），并以一句话命名了使命宣言。这句话也正好成了我们的使命。

行动学习，让培训直接产生绩效

对我们而言，最重要的是实现让行动学习成为中国企业的首选管理方式。我们将秉持"梦想还是要有的、管理是盯出来的、氛围就是生产力、人才是折腾出来的"的价值观，通过行动学习，让企业老板的战略落地更有效，让管理者的团队管理更有效，让 HR 能直接支持绩效，让培训师的培训更有价值，让促动师成为培训行业的引领者。为此，我们将以最大的心力去实现！

众行行动学习研究院

图 6-9　众行行动学习研究院使命宣言

制定使命宣言的过程，是团队进一步共识企业文化的过程，也是团队强化信念和使命感的过程。在文化复盘过程中，共识和承诺比内容本身更加重要。当然，使命宣言模板是为了引导大家的讨论。有了初稿就有了迭代的基础，在后续完善的过程中完全可以打破模板的框架。

这里需要说明的是，假如企业已经有了成型的愿景和使命，同样可以走未来探索第三、第四步这个过程，通过大家在组织原有愿景使命基础上参与、解读，建立起的心理链接，使其真正成为大家共同的追求。

至此，文化的三个要素——愿景、使命、价值观经过大家的讨论，已经全部呈现出来。当然，这种呈现还只是初稿，组织可以在工作坊结束之后，以研讨成果为基础，由组织核心层讨论定稿。

6.5.5 第五步，落地行动，共享文化

任正非说，"华为基本法"颁布之日就是作废之时。因为历经两年的讨论、修改，其思想早已深入人心，得到大家的认同，实现了价值观的统一。文化落地，过程比结果更重要，未来探索引导大家讨论文化的过程其实就是落地的过程。

当然，我们也要认识到，短短 1~2 天的文化复盘工作坊可以凝聚大家对文化的共识，要想落地到日常行为，还是远远不够的。况且，只要是规模稍大一些的组织，文化复盘的过程是没办法覆盖到所有人的。所以，我们需要有更加适合全员的、长期的文化落地活动。未来探索的第五步，是文化复盘工作坊的最后一步，也是新文化落地的第一步。

首先，找到文化落地的支点。

阿基米德说："给我一个支点，我就能撬动地球。"文化落地也是如此，需要找到一个支点，一个能四两拨千斤撬动文化落地的支点。如何找到文化落地的支点？大家先看一个案例。

案例 6-6 亚马逊的空椅子

"顾客就是上帝"，不知道是谁发明了这么魔性的一句话，几乎成了所有老板嘴里的经营理念。这句话说说容易，真要落地却很难。但是，有一家公司——亚马逊，它做到了。不过，其表述是"用户至上"。

亚马逊是如何落地"用户至上"这一文化理念的？靠一把椅子，一把空椅子。

所有亚马逊的会议，在最核心的位置一定会留出一把空椅子，它代表着本应该出席本次会议的一个最重要的人，因为他有事没有来，这个人就是用户。

这样的形式有用吗？还真有用。某次高管会议上，营销副总和运营副总为是否要在两个月后搞一次大型的促销活动争得不可开交。营销副总认为，促销活动非常好，可以给公司带来多大的价值，创造多少的收益；运营副总认为，两个月的时间不足以打造出支持促销活动的条件。营销副总认为，不能等一切条件都具备了再去做，即使稍有瑕疵，也可以在做的过程中迭代；运营副总认为，创造不出用户的超值体验，结果会适得其反。两人争了半个小时后，将目光投向了一直坐在旁边却未表态的贝索斯，等贝索斯做最后的拍板。

但是，贝索斯并没有拍板，而是指了指那把空椅子，问：

"如果你们坐在那把椅子上，以最普通用户的视角来看，会不会对这个促销活动感兴趣？"

会议室的氛围瞬间变了，从刚才的剑拔弩张变成了沉默反思，接下来的交流就完全站在了用户的视角。五分钟后，会议有了结论：既然在两个月内无法匹配出支持促销活动的条件，那就不做了，等明年条件具备了再做。一把空椅子代替老板做出了决策。

当然，这把空椅子也不是每次都空着。有时候会议组织者会邀请相关人员坐在空椅子的位置参加会议，即**客户体验改善者**。客户体验改善者并非普通的消费者，而是受过严格训练的、能够代表消费者利益的员工，他们会从用户的视角来挑战公司的营销方案。

一把空椅子创造了一个支点，撬动了"用户至上"这样一句口号式理念的落地。

类似的文化落地支点还有很多，比如 3M 公司的"每天 15% 的自由创新时间"，谷歌的"随意个性化装饰自己的办公区域"。再如，微软对读书会情有独钟，比尔·盖茨时代读《高效能人士的七个习惯》，萨提亚·纳德拉（Satya Nadella）时代读《非暴力沟通》和《终身成长》。

文化落地支点不胜枚举，千差万别，如果探究其本质，你就会发现它们都有一个显著的共同点，那就是"参与"，而非"宣贯"。

没有人喜欢被说教，宣贯引来的是厌烦和抗拒；参与则不同，会让大家在不知不觉中体验，在潜移默化中认同，在日积月累中拥有。

其次，共享文化，要参与不要宣贯。

文化落地，宣贯不可取。当然，正常的宣传还是必要的。微电影、内刊、VI 手册（视觉识别设计手册）、文化手册、文化展厅、文化雕塑等方式都可以用作文化的宣传。宣传能发挥的最大作用也就是让人知晓，仅此而已。

共享文化，参与是核心。如前文所述，文化落地有三个关键：以身作则、全员参与、虚实结合。通过参与实现文化共享，也是围绕这三个关键开展的。正如阿基米德撬动地球除了支点，还需要杠杆，文化落地也是如此。未来探索的第五步就是要构建出文化落地的**支点**和**杠杆**。

支点：以身作则，领导树立榜样。

正如孔子所言：其身正，不令而行；其身不正，虽令不从。毋庸置疑，领导者是文化落地的关键。

愿景和使命的落地，更多地体现在战略的制定和执行落地上。这自然是领导者要承担的天职。共同价值观的落地，则体现在领导者在日常管理行为中以身作则，为全员做出榜样。

价值观属于指导原则，只有将价值观落实为具体行为，才能真正落地。所以，在对共同价值观进行了初步决策后，每个小组可以认领 1~2 条价值观进行落地研讨，研讨之后再进行分享。落地研讨可以采用"价值观落地的七个支点"来进行（如表 6-6 所示）。

表 6-6　价值观落地的七个支点

充实日历	你在时间上是怎么安排的，频率是多少
关键事件	将来发生的，能够考察我们文化的事件 真理时刻，突发事件

（续表）

传播故事	讲曾经发生的故事，用以说明文化是如何指导行动的 收集、分析、分享故事
融入语言	语言的选择：注意积极的，避免消极的 运用比喻和类比，把抽象概念具体化
测评反馈	设定目标，衡量产出／行为——"能衡量的才能完成" 找到适合的衡量工具，提供反馈
奖励先进	通过对行为的认可、对人的表彰、对胜利的庆祝，在组织中传递文化 树立榜样，强化我们所坚信的行为规范
定期复盘	定期（周／月）对文化理念落地情况进行复盘 推荐复盘工具：ORID[①]、鱼缸会议

　　共同价值观落地研讨把原则性的价值观转变为具体的行为，让企业价值观有了落脚点。表 6-7 即为某企业应用"价值观落地的七个支点"工具，对"以客户服务为中心"的价值观行为落地行动的研讨成果。通过其具体内容，我们可以看出，绝大多数事项必须要领导者垂范和推动。

表 6-7　"以客户服务为中心"的价值观行为落地行动

充实日历	团队负责人每个月用半天时间接听客户服务电话 团队负责人每周到客户现场一次，解决问题
关键事件	下次出现客户争执事件，团队负责人亲自到现场处理 指定某人为客户争执事件的处理人，并培训处理的方法
传播故事	每周例会上，以客户服务的故事作为开头 可以是成功的故事，也可以是失败的故事

---

　　① ORID，即聚焦式会话法，它是一种出色的提问方式，通常由一位促动师或者掌握促动技术的管理者主持，目的在于促进人们经历一种发散与聚焦结合的"发现对话"，帮助人们一起思考。其中，O 代表 objective（数据），R 代表 reflective（体验），I 代表 interpretive（理解），D 代表 decisional（决定）。

（续表）

融入语言	注意语言的选择，鼓励使用 ×××，避免使用 ××× 不再使用抱怨的、负面的语言形容客户的需求
测评反馈	明确关键指标，并使之可衡量化 客户投诉电话降低到来电的 5%
奖励先进	奖励实践了行为准则的个人：物质 / 精神 庆祝集体遵守了行为准则的事件：物质 / 精神
定期复盘	每周例会安排 20 分钟时间，用 ORID 画布复盘"以客户服务为中心"的价值观落实情况

杠杆：全员参与，融入经营活动。

领导者的以身作则给文化落地创造了支点，对员工已经有了潜移默化的影响，但还不够。我们需要有一以贯之、能够贯穿全员、融入经营活动的强有力杠杆，彻底实现虚实结合。可供选择的杠杆主要有两类：主题活动和行动学习（如表 6-8 所示）。复盘教练引导参与者从中选择适合自己的文化落地行动。

表 6-8　文化落地行动参考表

主题活动	读书会、共创会、辩论会、演讲会、文化主题征文、文化主题故事会、主题年会等
行动学习	绩效倍增行动学习、战略落地行动学习、领导力发展导向行动学习、复盘工作坊等

关于文化主题活动，介绍一下特别受微软青睐的读书会，这恰好也是众行公司长期坚持的一种文化落地方式。

众行公司的读书会采用的是翻转课堂的模式，通过读书分享、活动体验、场景化练习和行动转化四个步骤，把书的内容和工作场景结合起来，让文化实现了从理念到行动的转化，翻转课堂具体实施步骤如下。

第一步，选择代表组织价值观的经典图书，以及对应该图书开发的微课程。

第二步，开展某一本图书线上训练营，员工分享读书心得，完成相关作业。

第三步，开展线下翻转课堂。员工分享该图书阅读收获，运用图书中相关知识共创解决工作中遇到的实际问题，形成解决思路和行动方案。

第四步，跟进行动落地情况，开展翻转课堂实践成果和案例大赛，呈现文化落地效果，让全员参与进来。

第五步，开展价值观行为落地考核以及鱼缸会议行为反馈复盘，实现从知到行的转变。

第六步，开启新一轮训练营。

读书会的好处在于比较容易实施。只要能选到和文化契合的优秀管理类图书，再采用能有效结合实际工作的读书分享方式，长期坚持下去，就能构建一个撬动文化落地非常有效的杠杆。

其他文化主题活动比较好理解，笔者这里简要介绍一下行动学习落地文化的过程。行动学习以解决复杂业务难题为载体，在解决问题的过程中，引导大家通过质疑反思改变认知，并通过推进行动落地，借此实现学习。解决问题的过程正是经营活动，质疑反思可链接文化，行动落地则是结合经营业务落地文化。所以，行动学习是天然融合经营活动、可以覆盖全员的文化落地工具。下面通过一个行动学习落地文化的案例帮助大家理解。

案例6-7 某商业银行"轻管理、轻文化"行动学习项目

近几年，国内某商业银行一直在推进"轻型银行"的转型

战略，在轻资产、轻运营方面已经取得行业瞩目的成绩，轻管理、轻文化方面则仍在摸索中。2020年初，轻管理、轻文化的落地推进重任落到了总行办公室。如何才能将文化真正落地于实处，而不仅仅是传统的宣贯走形式呢？经过大量调研，总行办公室从《行动学习实战指南》一书中得到了启发，并经过和众行行动学习研究院的几次沟通，最终达成合作，决定以行动学习的方式推进下属44家分行的文化落地。

经过双方多次会议沟通，设定行动学习项目周期为5月到11月，项目覆盖全部44家分行。众行行动学习研究院提供方案设计，行动学习相关知识工具导入（线上、线下结合），项目实施示范（以深圳分行为模板）。总行办公室发起项目，介绍项目方案，跟进推动项目。各二级分行自主选择和众行行动学习研究院合作或自主实施。下文即为该行项目方案及典型分行的成效展示。

一、项目方案

我行"轻型银行"转型战略推进至今，轻资产、轻运营有声有色，轻管理、轻文化仍在摸索，也迫在眉睫。5月到11月，总行联合分行开展行动学习项目，每家分行要在行动学习中解决轻管理上存在的典型问题，并在这个过程中将轻文化融入日常工作，实现知行合一。

1. 为什么要开展行动学习

"轻型银行"转型到最深处，就是轻文化。轻文化使组织运作更轻盈高效，使个体沟通更简单纯粹。通过文化转型，组织管理从传统管控转为智慧激发，最大限度地调动员工的内驱力，是我们保持组织活力的根本。

文化不能从纸上得来，要形成于实践，根植于干部员工的内心。要想塑造轻文化，首先要以轻文化的理念去践行。行动学习是深层连接行动与认知的桥梁，核心是知行合一。通过开展一场行动学习，在解决问题的实践过程中体现轻文化，进一步理解轻文化，从而形成新的管理模式。同时，培育一批深入认同开放融合文化价值的干部员工，把"开放、融合、平视、包容"的文化在日常工作中发扬光大。

2. 开展行动学习的步骤和要求

本次行动学习的内容，仍然围绕开放融合、打破竖井、赋能减负，从根本上解决一批在轻管理上存在的最普遍、最突出、最复杂的问题，并在实践中体现"开放、融合、平视、包容"的轻文化。具体包括以下几个阶段。

（1）项目启动（5月）

分行行长要高度重视，在全行召开围绕以"轻管理、轻文化"为主题的动员会，充分动员、统一思想、鼓舞信心、坚定目标。动员会可与一把手讲管理、讲文化活动相结合。同时要组建具有代表性、包容性和有复杂问题解决能力的行动学习团队。待选题确定后，可再对名单做针对性的调整。

团队至少要包括三类角色。

一是总负责人。

由分行行长担任。负责协调资源，把握方向，激励员工，保证行动学习团队能最终实施提出的解决方案。

二是引导师。

由分行行长担任，办公室主任辅助。负责带领团队自我反思，激发潜能，学习成长。一把手按照引导师的行为准则，在项目中养成平视、包容的沟通方式，掌握激发员工内驱力和团队集体智慧的方法，在学习型组织里持续提升自身对轻文化的理解并践行到底。通过做好引导师角色，一把手从管理者变成赋能者，从管控型管理转变为智慧激发型管理，将是本次项目最大的价值。

引导师的一些操作层面的具体方法论，由分行办公室主任掌握，并辅助行长在行动学习的全过程中指导团队，激发团队成员的潜能和反省力、自驱力，调动团队的积极性，帮助成员学习成长和提升能力。

三是多元化的团队成员。

这些成员要来自不同的部门或团队，背景、经验、资源尽可能多样化，使得他们能够从不同的角度来思考问题，鼓励和激发新的观点。成员中要包含具体受众，即问题的利益相关者，比如一线员工。

这一阶段，总行将开展线上的行动学习视频培训；提供"赋能"微课，解读如何打造赋能型组织；提供"行动学习实战指南"微课，介绍实施步骤；提供《团队组成评估标准表》等工具。

对分行的要求：5月31日前，召开动员会，报送团队成员初步名单。

（2）确定选题（5—6月）

首先，开展调研访谈。

坚持用户思维，通过调研访谈，对分行管理问题进行广泛征集。调研要细致入微，深入一线，不能要求部门和支行提供一大堆材料，也不能泛泛而谈。一定要"下地干活、解剖麻雀"，要沉下去提问题、做记录，跳过粗疏抓到细节，透过表象看到本质。要摆正位置，带着开放的心态和谦虚的态度。调研过程也是向一线学习的过程，是在实践中寻找解决问题办法的过程。

其次，研究选题。

筛选出在轻管理、轻文化等方面**最重要、最紧迫、最复杂**的一些问题，**召开选题研讨会**。问题是否找得准，是行动学习是否成功的关键。团队要通过质疑、倾听和讨论，就问题本身达成共识。例如，这个选题能为参与者提供学习和发展的机会吗？它为什么对组织很重要？预期可能会出现哪些困难？这个问题解决后，能带来什么好处？通过彼此之间开放、新颖、有洞察力的质疑，对彼此的回应进行反思，大家对问题会有更本质、更全面的理解。

最后，确定目标。

团队选择目标时要大胆一些，选择有战略意义、有后劲的目标。目标应该是高水平的，并且符合 SMART 原则。一个好的目标能把整个团队团结起来，能不断增强团队的士气、创造力和凝聚力。

项目的全过程都涉及延伸学习。

充分利用各类学习渠道，学习与解决问题有关的新领域知识和技能。在行动学习中，学习是持续不断、无处不在的。以开放的心态推进行动学习项目，主动改进团队合作方式、团队思维，全面提升团队学习水平。

这一阶段，总行提供选题工具表、选题标准评分表、结构化选题研讨方法等工具；提供蛋壳及招乎调研平台支持；提供蛋壳中反映比较集中的问题清单供参考；就评审分行的选题和目标，提供反馈意见。

对分行的要求： 6 月 10 日前报送调研方案，7 月 10 日前报送调研结果报告（或调研问题清单）、选题研讨会议纪要和录像、选题结果。

（3）共创方案（6—7 月）

项目团队要集思广益，反复推敲，在确定选题的基础上拿出解决方案。

一是激发团队智慧，形成方案。

通过头脑风暴会、团队共创等方法，提出方案，达成共识。沟通过程中，管理者要从发号施令、监督、控制转向倾听、合作、参与，忍住想告诉团队怎么做的行为，多提有洞察力的问题，把思考的主动权交给所有团队成员。团队成员对于他人发言要给予启发性提问或建设性反馈，互相鼓舞，提升团队士气。会议要保证所有与会者发言，所有发言得到聆听，营造一种鼓励提问、鼓励发言、平视尊重的氛围。

二是进行小范围的测试验证。

借鉴互联网领域常用的灰度测试法或 MVP（最小可行性方案）进行小范围测试，来修正假设。

三是邀请关键人来评审方案。

判断策略孰优孰劣，可以充分征询关键人物的意见。关键人物指能帮助团队更清晰地看到全局、预测变化、能给出专业建议、能跟踪所提出的策略实施情况的人。依据关键人物中肯的评估意见来形成最终策略，争取关键人物的支持来完成项目。最终形成的项目方案要包括具体的工作机制、项目关键节点、每个节点的目标和可能存在的问题等。

这一阶段，总行提供"团队共创"等微课培训，引导如何开展团队共创；提供团队共创流程操作指引、SWOT 分析法介绍、行动计划表等工具；评审分行行动方案，提供反馈意见。

对分行的要求： 7 月 31 日前，报送共创方案讨论会议（应不少于 2 次）纪要和录像、具体行动方案。

（4）组织实施（7—11 月）

一是做好过程管理。

形成周报或双周报、月例会、不定期会议结合的工作形式。跟踪项目的每个关键节点预期完成情况，高效推进项目。

二是达成行动共识。

每月会议上，团队成员之间要互相反馈，营造一种自我反省、集体反思和互助进步的氛围。这样调动了所有参与者的积极性，对后续的行动安排形成集体共识。后续行动步骤要非常具体，谁来行动，如何行动，时间要求，如何测量，如何显性化，价值是什么。这些行动要在下一次的会议中回检，便于发现问题，并且持续完善和修正。

三是收集用户反馈。

过程中需进行受众满意度调查，并参考调查结果对策略进行验证和优化。

四是强化学习成长。

团队成员要在项目各阶段的实践中深化对问题的思考和理解，通过在过程中践行"轻文化"，实现思维的彻底转变。在项目团队里，上下级平视沟通，开会时从揣摩领导意图到每个人大胆发声，让团队中涌现更多的真知灼见。

五是组织复盘。

至少每月召开一次团队例会，每次例会上围绕问题解决、个人能力、组织发展三条主线进行复盘。

问题解决方面，要及时回顾目标，评估现阶段的进度是否符合预期，预测行动结果。通过分析原因、总结亮点及反思经验教训，来梳理课题的具体执行情况。

个人能力方面，要通过横向、纵向的比较，总结个人在领导力发展、工作技能提升、沟通能力、思维模式创新等方面的收获与不足。

组织发展方面，要从员工学习动力、组织效率提升、组织凝聚力、赋权松绑等方面，复盘这段时间的进步与不足。

这一阶段，总行提供"项目复盘五讲""重新定义公司"等微课，介绍项目复盘方法和组织赋能案例；提供阶段复盘内容模板等工具；跟踪、观察、评估分行的实施过程和复盘信息，及时提供反馈意见；及时提炼、萃取、点评分行动态，组织交流讨论和分享。

对分行的要求：每月至少召开一次会议（含阶段复盘），报送会议材料、纪要、录像、用户反馈意见等相关资料。

（5）总结（11 月）

团队召开总结会议，用简洁的语言和可信的数据来陈述项目关键信息及取得的成果，开展项目的总复盘反思。探讨轻管理项目执行的得失，观察轻文化践行的实际效果，兼顾团队发展和组织成员的成长情况。结合复盘结论，形成课题报告。

这一阶段，总行提供"案例故事"等微课、"总复盘模板""总复盘流程操作指引"等工具，对分行的总结会议和案例进行评议和反馈，组织优秀案例的全行宣导。

对分行的要求：11 月底前，报送总结会议复盘材料、纪要、录像及案例报告等。

以上是行动学习的五个步骤。

为评估各阶段的工作，分行从调研访谈、确定选题、共创方案、组织实施到复盘总结，整个过程要做到"留痕"。每个阶段的动作完成后一周内，向总行办公室报送相关过程资料。

报送资料的前提是坚持"清风公约"、实事求是，不为了"留痕"而穿靴戴帽、用力过猛。总行做评估，不是看数量、比形式、听口号，而是设身处地感受分行行动学习团队的执行情况，以及过程中体现出的文化氛围。例如，关于课题选择，总行关注问题是否来源于扎实的一线调研和访谈，是否具备用户思维；召开项目组例会，总行查看会议录制的视频，关注是领导说了算还是平视包容，体现了集体的智慧激发。结合新冠肺炎疫情实际，团队会议或交流可形式不限，更多运用视频、线上交流等。

3. 行动学习的关键要点

文化建设不是一朝一夕的事，行动学习是轻文化塑造的起点。如何不搞成"一阵风"，不搞"运动式"学习，考验着各级干部的管理智慧。在推动工作中，要抓住行动学习的几个关键点。

（1）学习重于行动，知行合一转变思维

这次的行动学习项目，学习轻文化、轻管理怎么落地，比解决具体的管理问题更重要。同样是做项目，行动学习和传统项目最大的区别在于知行合一，通过学习和实践来解决复杂问题，并且打造了有使命感、平等开放、涌现个人创造力和集体智慧的学习型团队。以行动学习为载体，通过开展项目，分行一把手和关键领导干部要改变传统管控型、监督型的管理思维，扎根到团队里做参与者、赋能者，倡导和践行"清风公约"，想方设法激发团队的集体智慧。

（2）行动学习过程要高度灵活，去掉条条框框

在行动学习规范方法论的基础上，要去掉条框框和形式主义，让方案更具灵活性和包容性。对于行动学习一些标准工具、规则的应用，要坚持"拿来主义"，灵活运用，不僵化、不教条。

（3）把轻文化渗透到行动学习的方方面面

整个推进过程中，要以"开放、融合、平视、包容"的文化贯穿始终。任何官僚主义、形式主义、固定条条框框、唯领导论等，违反"清风公约"的做法，都是我们坚决反对的。我们会通过项目观察、员工访谈、问卷等多种形式去观察分行是否具备轻文化土壤，举几个例子。

动员阶段做到**"开放"**。需要把行动学习作为全行的工作，各条线部门有机联动、深挖问题，而不是当作分行办公室的责任。团队组建阶段做到**"融合"**。吸纳不同背景、不同经验、不同层级的人组成的团队，提供不同视角和新鲜观点。项目日常推动做到**"平视"**。在团队里，激发团队所有参与者的智慧，而不是领导一言堂。拓展学习阶段做到**"包容"**。形成"实践—反思—归纳—在新的实践中运用"这样的行为动线，对问题充分包容，积极总结经验、寻找出路。

（4）以终为始，持续推动工作

项目虽然年内结束，但行动学习的经验要复制推广，融入日常工作，持续在实践中解决问题、提升团队能力。行动学习培养的这批成员也是分行"轻文化"的种子选手，星火燎原，将把轻文化带到更广袤的疆域去。

二、项目成效

"轻管理、轻文化"行动学习项目启动后，苏州、福州、杭州、佛山、沈阳、海口等 20 多家分行先后与众行行动学习研究院建立了行动学习工作坊、行动学习项目等方面的合作。从最终的结果来看，导入行动学习项目的几家分行都取得了非常显著的成效，既实现了业绩突破，又在潜移默化中实现了文化的落地。

以福州分行为例，与众行行动学习研究院合作，于 2020 年 7 月启动了文化落地行动学习项目，组建了 6 支混编团队，攻克 6 大组织难题，每个混编团队都由前、中、后台不同条线、不同层级、不同年龄段的 10 位学员组成。行动学习课题则分别围绕基础客群建设、供应链金融、落后团队绩效提升、不良资产清收、存款增长、代发拓客等进行学习实践。

整个项目历时 4 个月，包含选题会、破冰会、共创会、复盘会和总复盘五个阶段，既解决了经营发展中遇到的业务难题，又将"开放、融合、平视、包容"的轻文化落实到组织的日常经营管理行为中。

2020 年 11 月，在项目结项之际，福州分行已取得绩效突破、人才赋能、文化落地等多方面的成果。

绩效突破：6 个项目组均超额完成挑战性目标（最高完成率达 730%），为福州分行升级成为"三等行"打下了良好的基础。

人才赋能：各个项目组成员在"打仗"过程中不断复盘，总结出一套未来工作中可复制、可操作的方法论，并在真实的工作场景中，实现工作范式的转变。

文化落地：基于横向团队的设计，促使各个成员主动打破部门墙、突破竖井，协同作战，让"开放、融合、平视、包容"的轻文化理念在工作中真正落地。

6.6　未来探索的典型应用场景

文化复盘的核心意义是文化创建、变革和落地。要想通过企业文化指引组织发展，就需要把文化建设工作常态化。如团队组建、季度总结和公司年会，都是落地文化的典型场景。

6.6.1　团队组建：先共识，再共事

无论是公司重组，还是新项目团队的搭建，或者是来自不同背景的高管团队的重新组建，都迫切需要凝聚共识，建立共同的组织愿景、使命、价值观。应用未来探索，新的团队通过"过去—现在—未来"的研讨流程共启愿景，对管理思路进行深刻的分享和交流，在轻松愉悦的氛围中达成共识，在未来探索中找到求同存异的道路。

6.6.2　季度总结：先回顾初心，再调整步伐

市场瞬息万变，我们需要不断地调整。每个季度、半年度，都是组织回顾方向、调整步伐的关键时刻。有时候，我们发现，传统的会议形式，会让我们更多地沉溺于追究得失、反省失误；或是走走形式，不痛不痒；这与我们的期望相去甚远。通过未来探索的方式，融合文化的反思与业务的研讨，实现虚实结合，让团队灵活应变。根据市场变化随时调整，让整个团队都为了美好的中长期目标而兴奋，这种令人欢欣鼓舞的能量，将成为组织获胜的巨大动力。

6.6.3　公司年会：先继往，再开来

大多数企业都很重视一年一度的年会，但大多数年会不外乎一起聚聚餐，看看节目。如此的年会，能发挥一些传播文化、链接情感、庆祝胜利的作用，但也仅此而已。用文化复盘的方式，可以让公司年会发挥更大的作用。大家先一起回顾一年来经历的风风雨雨，反思风雨同行中组织的愿景、使命和价值观发挥的重要作用，这会让所有人对信念更坚定，对成果更自豪，对同伴更珍惜；再一起展望未来，对愿景更期待，对使命更有担当，对价值观更坚守，真正让公司年会发挥凝心聚力、继往开来的作用。

许许多多的经历沉淀为历史，许许多多的历史沉淀为文化。忘记过去，意味着背叛；抱残守缺，必然招致淘汰。

我们要做的是，徜徉在历史的长河中，溯源到基因，寻找支持我们一路走来的情感能量，继往开来，寻求新的梦想，凝心聚力，踏上新的征程，与时俱进，一起探索和拥抱未来。

更多的文化复盘的内容，可扫描下方微信二维码观看文化复盘微课。

文化复盘微课

本章复盘：智慧火花，精彩再现

回顾：本章让我印象最深的三点

_____

_____

_____

反思：此时此刻，我的感受和启发

_____

_____

_____

重构：我将做出改变的一点

_____

_____

_____

老石寄语

愿景使命上墙，价值观理念入册。

但是，如果不入心，

其价值比不上打印它的纸。

复盘文化就是在实现文化共享，

复盘文化就是最有效的文化入心。

第 7 章

从复盘到行动学习

让听得见炮声的人指挥炮火。

——任正非

毋庸置疑，任何企业的高管都会高度关注三个问题：战略落地、运营管理和人才发展。这正是本章要介绍的行动学习可以给予企业的支持。

前面几章笔者多次提到"行动学习"，四种复盘方法论都源自行动学习，是支撑起行动学习项目的核心技术。虽然它们都可以单独应用于企业管理的各种场景，但如果企业系统引入应用行动学习推动战略落地，提升运营管理，发展人才梯队，就会使复盘效果倍增。

本章作为全书的最后一章，笔者将对行动学习做一点普及性介绍，让大家了解复盘和行动学习的关系，行动学习如何让战略落地，如何让管理成为一场"赢的游戏"，如何在"上甘岭"培养干部。

7.1　行动学习，让战略落地

为什么这么好的创意就是无法落地？为什么三番五次、大会小会的强调就是无人回应？为什么看起来大家为了战略拼尽全力，结果仍旧是背道而驰？如果问企业高层最纠结的事情是什么，恐怕大多数人纠结的莫过于战略落地这件事情。

如何推进战略落地？行动学习是一个非常有效的方式，复盘则是行动学习推动战略落地过程中的核心技术。

7.1.1　行动学习——干中学，学中干

什么是行动学习？行动学习就是一个团队在解决实际问题的过程

中边干边学的组织发展技术及流程。行动学习有三个关键特征。

第一，行动学习聚焦于企业要解决的战略性问题。如降本增效、创新研发、市场开拓、绩效突破，只要是符合公司战略重点的、聚焦于具体业务的问题，就可以作为行动学习要解决的实际问题。

第二，围绕问题组建团队。团队成员既可以来自同一个部门，也可以来自不同部门。如果课题就是部门的绩效目标，就把部门作为团队；如果课题需要多个部门协作解决，就组建跨部门团队。

第三，团队解决问题要依靠流程。行动学习是由一系列促成有效汇谈的流程技术组成的。当然，前文讲到的四个复盘流程都是行动学习的核心流程，我们可以通过这些流程来推进目标的达成，引导团队反思促进团队成长，在边干边学中实现绩效目标。

任何项目只要具备这三个关键特征，我们就可以把它称为行动学习。简而言之，行动学习就是"干中学，学中干"。

7.1.2 两个 PDCA，让战略落地

企业为什么会出现战略落地难的问题？通常企业战略都是从上往下层层传递，传递的过程同时也是不断放大偏差的过程。高管对战略的认知偏差可能是 10 度，到了中层就被放大到 60 度，到了基层就变成了 360 度。任正非形象地把这个过程比喻为"布朗运动"——无规则的分子运动。行动学习是如何避免这种战略传递过程中的衰减，推动战略落地的呢？主要通过两个 PDCA 来实现。

如图 7-1 所示，左下角的 PDCA 就是我们经常说的戴明环，关注战略落地过程重点问题解决，关注人的左脑需要，我们称其为"理性 PDCA"；右上角的 PDCA 是绩效派行动学习特有的，关注战略落

地过程中人的心智模式改善，关注人的右脑需要，我们称其为"感性PDCA"。下面逐一介绍它们在行动学习推动战略落地过程中的作用。

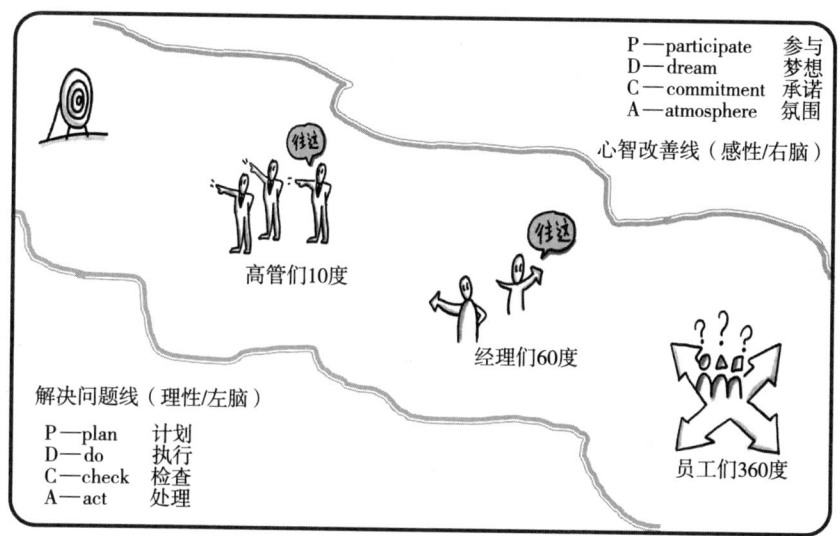

P—participate 参与
D—dream 梦想
C—commitment 承诺
A—atmosphere 氛围

心智改善线（感性/右脑）

往这

高管们10度

往这

经理们60度

解决问题线（理性/左脑）

P—plan 计划
D—do 执行
C—check 检查
A—act 处理

员工们360度

图 7-1 推动战略落地的两个 PDCA

理性 PDCA：计划—执行—检查—处理

战略落地的过程虽然比较复杂，其实也跳不出由休哈特（Shewhart）提出、由戴明（Deming）宣传普及的 PDCA 循环。观察一下我们身边的组织 PDCA 做得如何，你会发现，绝大多数组织在 C 和 A，也就是"检查"和"处理"上做得不到位，管理没有形成闭环。

张瑞敏说，管理是盯出来的，就是在提醒广大管理者，要在 C 和 A 上使劲。

行动学习主要通过群策群力将战略制订为计划，然后再持续不断地复盘，让管理形成闭环。通过复盘反思成功和失败，总结经验和教训，对计划纠偏，对行动迭代，"打一仗进一步"，积小胜为大胜。

这就是行动学习过程中的第一个PDCA，着力于事，专注于任务，是解决问题思维，侧重于激活和使用人的左脑。

感性PDCA：参与—梦想—承诺—氛围

理性PDCA让战略落地形成了闭环，但我们也知道，事情都得靠人来完成。如果人的能量不足，内生动力没被激活，理性PDCA发挥的作用就极其有限。所以，我们在关注事之外，更需要关注人，关注人的能量提升，关注人的内生动力的激活，也就是要关注人的右脑。这就需要行动学习推动战略落地过程中的感性PDCA：参与—梦想—承诺—氛围。

参与（participate，简称P）： 团队成员一起参与，群策群力，为达成目标贡献观点和策略，通过参与充分凝聚战略共识。

梦想（dream，简称D）： 引导团队成员一起描绘成功的画面，点燃大家的梦想，让组织目标成为团队的共同目标。

承诺（commitment，简称C）： 引导团队成员自主担当，建立对目标达成的承诺。一旦建立团队的共同承诺，既能促进团队为了达成共同目标实现更有力的协同，又能让团队成员相互监督提醒。

氛围（atmosphere，简称A）： 通过行动学习在组织中营造出"比、学、赶、帮、超"的氛围，把传统意义上严肃死板的战略落地过程变成了生动活泼的比赛。

理性PDCA是推进战略落地的行动流程，感性PDCA是推进战略落地的行动动力。行动学习通过两个PDCA，消除了布朗运动，同时激发人的左右脑，把组织战略落地，变成了破解战略难题，达成了挑战性目标的一场"赢的游戏"。

下面大家一起来看一个典型的行动学习项目案例，看一下行动学习是如何通过"干中学，学中干"，通过两个 PDCA 帮助组织推动战略落地，实现绩效突破的。

案例 7-1 和兴顺的逆势增长是怎样实现的？

随着近年来人口出生率的下降，母婴行业市场的总容量开始下行。同时因电商分割市场份额，传统的商业模式和商业秩序受到了冲击。2019 年，云南昆明一家专做云南省母婴渠道商贸的公司——和兴顺（全称昆明和兴顺商贸有限公司）却实现了逆势增长，在云南母婴行业市场总量比 2018 年下降了 20% 的大背景下，业绩却比 2018 年增长了 17%，这是如何做到的？

和兴顺成立于 2003 年 8 月，是云南省母婴渠道服务商，历经 17 年沉淀，不断变革与升级，整合供应链，致力于成为母婴行业受人尊敬的服务商，成为中国母婴行业的知名服务品牌。然而，随着近几年母婴行业整体市场的下行、红利的消失，和兴顺面临着前所未有的挑战。

为了应对挑战，激发团队内生动力，2018 年，和兴顺对公司发展战略进行了调整，将经营权利下沉，从过去的总部集中运营调整为以客户为中心的一线自主经营。

如何让战略落地？如何打破团队惯性？如何释放团队活力？这是和兴顺董事长罗训迫切想要解决的三个问题。

2018 年 12 月中旬，罗总专程飞赴上海，与刚刚结束了三天课程的石鑫老师进行了深入沟通，在了解到行动学习项目可将学习目标与工作目标有机融合，"干中学，学中干"的模式，可以很好地推动战略落地。激活团队时，罗总决定引入绩效派行动学习，启动"裂变创新·共享未来"行动学习项目，旨在实现两个目标：一是推动战略落地为业绩，二是提升组织能力。

一、项目设计

该项目的设计紧紧围绕战略落地为业绩及提升组织能力，实现业绩和能力双轮驱动。

在驱动业绩达成方面，紧密结合公司业务经营，紧扣公司业务，围绕年度目标落地，根据公司战略设计项目流程；根据团队情况及业务特点设计相关辅导内容，进而驱动业绩达成。

在提升组织能力方面，主要通过三个方面来实现：一是营造行动学习氛围，激活公司员工内驱力，激发组织内生智慧；二是导入行动学习文化，在公司内部形成质疑和反思的习惯，促进员工更好地合作；三是打造学习型组织，固化行动学习机制，培养行动学习习惯，持续驱动组织绩效。

二、项目实施

在具体操作上，分为外推阶段（导入行动学习）、内驱阶段（固化方法论）和内生阶段（成为工作方法）三个阶段。

1. 外推阶段

外推阶段主要是与众行行动学习研究院合作，导入行动学习方法论。公司不仅要大力推动，还要实时沟通反馈，适当调整方向。

通过深度汇谈，项目确定发起人、课题及目标、项目团队及激励机制。启动会中通过团队共创、群策群力、城镇会议，输出年度战略目标落地执行行动方案。

启动会后，每月复盘一次。经过半年的推进，于7月实施总复盘。复盘阶段会开展问题解决与能力辅导工作坊，通过导入促动工具，如鱼缸会议、世界咖啡、ORID等工作坊，检验方案推动结果；同时，针对呈现问题导入针对性的课程，例如"有效提问""九型人格""未来探索"等。

2. 内驱阶段

第一阶段完成导入后，接下来由公司商学院将项目进行持续落地复制。如进一步推广复盘机制，持续应用于月度业务经营复盘会，同时升级到公司高层述职复盘会，以及年度战略研讨会；同时，在此过程中，通过对促动工具的使用方法进行有效讲解，让项目成员掌握促动工具。此阶段主要为固化行动学习机制，培养行动学习习惯。

3. 内生阶段

通过持续的推广、应用，公司内部开始孵化一支促动师队伍，为组织赋能。对于业务团队，通过将促动工具灵活应用到部门日常会议以及营销活动方案讨论中，提高工作效率。对于销售团队，在掌握相关促动工具后，积极向下游经销商转训，实现为终端门店赋能。

三、项目结果

在业绩方面，截至 2019 年底，销售业绩对比 2018 年增长17%（行业负增长 20%，此数据依据终端门店销售数据推算）。

在员工成长方面，主要体现在核心层心智模式的突破（跃迁）和领导力提升，以及团队思维模式的转变，由听话照做转变成主动思考，由简单执行到主动经营，由被动接受到群策群力，由指责抱怨转变为主动担责。同时，员工个人意愿度提升，主动参与决策。项目的开展帮助组织实现了整体心智模式的跃迁。

在组织能力提升方面，通过不断复盘，有效沉淀了组织资产，如商超事业部的大单模式及操作流程和操作标准，经过萃取得以沉淀和传承。通过复盘及商业模式画布学习，事业部定位得到进一步明确。同时，通过在企业内部树立标杆，其他部门主动学习，有了更加具体和明确的努力方向。

此外，通过业务复盘会、高层述职复盘会，对公司经营面临的问题进行了深度剖析，找出问题的根源，发现和产生新的想法和思路，并萃取出可复制的成功经验，指导企业的下一步行为，帮助企业避免同样的错误，最终把失败转化为财富，把成功转化为能力。

"裂变创新·共享未来"行动学习项目，于和兴顺而言，是裂变（冒险），更是创新。项目的实施也让和兴顺对培训有了新的认知：一定要为业务赋能。未来，和兴顺将继续基于业务赋能，设计和实施优质培训项目。

（注：本案例为李华斌老师提供）

通过这个案例，我们可以看到，行动学习就是通过两个 PDCA 来推动战略落地的。理性 PDCA 主要是通过持续不断的复盘来实现的，感性 PDCA 主要体现在群策群力、集思广益的过程中。当然，在行动学习的实施过程中，两个 PDCA 并不是泾渭分明的，而是交融在一起的。

7.2　行动学习，让管理成为"赢的游戏"

2004 年，在"杰克·韦尔奇与中国企业领袖高峰论坛"上，

TCL 创始人李东生请教杰克·韦尔奇："如何保持一家企业在变革创新中持续的热情？"

杰克·韦尔奇给出的答案是，把管理打造成一场"赢的游戏"。他说："我想我们都应当考虑的一个重要的问题就是商业是一场游戏，商业并不是严肃的、致命的、枯燥无味的、毫无乐趣的事，商业就是生活，而且是每天我们都想打赢的一场游戏，我们的听众有多少人是喜欢胜出的？有多少人是喜欢失败的？没有人喜欢失败。如果我们考虑一下这一点的话，这就是为什么每天都要创新。因为有人把你的饭碗抢走，因为有人想胜过你，因为有人在游戏中打败你，所以你要带着你的团队，就像你打羽毛球一样，你每天都要打，你可以体会很多乐趣。"

确实，在游戏中，每个人都希望赢，不愿意输。那么，如何才能把企业的管理工作也变成一场"赢的游戏"？韦尔奇的核心方法就是行动学习，在他担任通用电气的 CEO 后，通过行动学习推动组织变革，让管理成了"赢的游戏"。

7.2.1 游戏的魔力：四大特征

放眼我们身边，游戏玩家比比皆是。他们成群结队地放弃现实，向虚拟世界迁徙，这里抽出几个小时，那里拿出整个周末，有时候甚至把每天的闲暇时光都投入游戏中。反观我们的工作场景，不少地方出现了"上班如上坟"的现象。为什么会有如此大的反差？《游戏改变世界》一书的作者简·麦戈尼格尔（Jane McGonigal）指出，游戏具有四个决定性特征，让人沉迷其中，欲罢不能。

特征一，有挑战性目标。

每个游戏都有一个非常明确且富有挑战性的目标。比如，"超级玛丽"的目标是救公主，"三国街机"的目标是救貂蝉。挑战性目标吸引了玩家的注意力，不断调整他们的参与度。

特征二，自愿参与。

自愿参与要求所有玩游戏的人都了解并愿意接受目标、规则和反馈。了解建立了多人游戏的共同基础，玩家拥有自主选择参与或离去的自由，是为了保证玩家把游戏中蓄意设计的高压挑战任务视为安全且愉快的活动，而不是被迫的。

特征三，规则简单。

游戏的规则非常简单，不需要你进行额外的学习，仅需一边玩一边探索即可。同时，简单的规则为玩家如何实现目标做出限制，它们消除或限制了达成目标最明显的方式，推动玩家去探索此前未知的可能空间，释放玩家的创造力，培养玩家的策略性思维。

特征四，即时反馈。

每个游戏都有一个即时反馈系统，通过点数、级别、得分、进度条等形式，随时告诉玩家距离实现目标还有多远。即时反馈系统通过最基本、最简单的形式让玩家认识到一个客观结果："等……的时候，目标就达成了。"对玩家而言，即时反馈是一种承诺：目标绝对是可以达到的。它给了人们继续玩下去的动力。

游戏的四大特征是让人沉迷的关键，如果工作也具有这四个特征，我们就会像痴迷游戏一样痴迷我们的工作。如何才能做到呢？答案就是行动学习。

7.2.2　让管理成为"赢的游戏"：行动学习 124N1 流程

行动学习是如何通过两个 PDCA 推动战略落地的？它又是如何把管理打造成一场"赢的游戏"的？主要是通过绩效派行动学习的核心流程 124N1。124N1 是众行行动学习研究院经多年实践总结提炼出的，一个将战略落地为绩效、让管理成为"赢的游戏"的经典流程，如表 7-1 所示。

表 7-1　绩效派行动学习 124N1 流程

	流程	任务	目的
战略	1	1 天深度汇谈	**"四定"**：定发起人、定目标、定团队、定机制
	2	2 天启动会	**"三共"**：共识目标、共创策略、共担责任
	4	4 个月阶段复盘	**复盘**：小组每周 1 次，大组每月 1 次
	N	N 天补差培训	**知识、技能培训**：共性短板统一培训，个性需求自主学习 **解决问题工作坊**：每月 1~2 个主题
绩效	1	1 天总复盘	总结绩效成果 反思学习心得 兑现奖励承诺 启动新的需求

通过 124N1 流程，我们可以看到，在行动学习项目启动后，复盘是支撑起战略落地为绩效过程的核心抓手，是行动学习项目推进，使管理成为"赢的游戏"的关键技术。下面，我们通过一个案例展示行动学习是如何让战略落地、如何使管理成为"赢的游戏"的。

案例 7-2　君乐宝"优化流程，降低奶耗"行动学习项目

2020 年 7 月，中国乳业龙头君乐宝"优化流程，降低奶耗"行动学习项目达成里程碑，实现了项目的初心：奶耗降低 1.3%，是预期目标的 260%，创造了巨大的经济效益。

本次行动学习项目的成功来自全员的持续奋战，它是一场"赢的游戏"！

下面我们结合"赢的游戏"的四个特征来解析。

"赢的游戏"特征一：有挑战性目标

一个好玩的游戏一定要有挑战性目标，或者练手升级，或者挑战极限。毕竟玩家的心态是：得来不易，才会珍惜，千辛万苦，更加刺激！

项目启动后，发起人米总提出了目标：奶耗同比降低 0.5%，还有四点期望：第一，要系统思考，深挖奶耗根源；第二，要管理下沉，发动全员；第三，跨部门协作，形成合力；第四，要固化经验，持续优化。

这个目标极具挑战性，四点期望是团队短板，同比降低 0.5% 看起来高不可攀。

对此，有人犹豫，有人怀疑，但是米总认为，目标是有力量的，目标是用来超越的。设定了挑战性目标，"赢的游戏"就开始啦！

"赢的游戏"特征二：自愿参与

好的游戏让人喜欢参与，通常要有乐趣、有智慧。"有乐趣"是指画面美丽、道具多，挑战互动好；"有智慧"是指要用心用脑，才能玩好！

促动师一定要关注大家的心理需求。在君乐宝的行动学习项目中，每个促动工具都力求"有乐趣，有智慧"。在启动会上，描绘愿景，画一幅美的图画，是"有乐趣"；SWOT 分析，认清现状，是"有智慧"；做出承诺，对自己发个狠，是"有乐趣"；团队共创，做周密的行动计划，是"有智慧"；在月度复盘里，签订对赌协议，体验心跳的刺激，是"有乐趣"；逐项探究问题对策，是"有智慧"。

"赢的游戏"一定要激发全员参与，得人气者得天下。

"赢的游戏"特征三：规则简单

好的游戏，规则一定要简单。不管是建设基地、开采矿藏，还是打怪练级、挑战，一定要是傻瓜式操作。如果规则太复杂，不仅系统容易崩溃，玩家也会崩溃。

在君乐宝的行动学习项目里，众行公司使用了经典的 124N1 流程，其中包括几项核心规则。

第一，要有共识，上下同欲。通过促动技术，让发起人、厂长、车间主任、工段段长、研发人员、财务人员、运营人员，拥有同一幅画面、同一种语言。

第二，要有行动，左右协同。行动学习委员会明确了教练组、督导组、宣传组、后勤组的职责，落实行动，知行合一。

第三，要有承诺，奖惩分明。通过"团队承诺""对赌战书"等工具，推动大家言必信、行必果。

简单规则让大家可以全情投入"赢的游戏"，路径清晰，赢得胜利。

"赢的游戏"特征四：及时反馈

好的游戏都会给玩家慷慨的回馈。一分耕耘，一分收获，让玩家充分享受成长的快乐。

在君乐宝行动学习项目里，及时反馈是一个系统，它包括月度全体复盘、周度小组复盘、每日微群复盘。及时反馈有两个重要价值：解决问题，加油赋能。

解决问题，要立足全局，重点突破，"奶耗地图"让全员知道每滴奶的去向，改进重点一目了然；**加油赋能**，对好人好事及时点赞，对低落情绪帮扶引导，让组织充满正能量。

及时反馈，让大家在"赢的游戏"中"事成人爽"。

当管理成为一场"赢的游戏"

君乐宝的行动学习项目历时半年，最终降低奶耗达成预期目标的 260%，明显改善了工作氛围和跨部门协作。

米总说："现在不是终点，而是起点，行动学习已经内化为模式，流程优化将会持续；我们的团队更加强大，更多的难题将被攻克，我们在未来必将赢得更大成功！"

7.3 行动学习，在"上甘岭"培养干部

干部培养一直是人力资源工作的重中之重，备受瞩目，同时也让人力资源工作者战战兢兢。大多数组织的现状是，拔苗助长式的人才发展和使用方式，导致大多数岗位人员处于不胜任状态，脱离组织环境及任务的各类训练项目，无法落地。

谈到干部培养，军人出身的任正非有句名言："将军是打出来的。"他强调说，公司要在"上甘岭"培养和选拔干部，大仗、恶

仗、苦仗一定能出干部。这和在解决业务难题的过程中边干边学的行动学习培养干部的理念高度一致。

如何通过行动学习培养干部，实现"将军是打出来的"这一干部培养理念？全球知名领导力大师沃伦·本尼斯（Warren G. Bennis）指出，要发展干部的领导力必须具备三个要素。只有这三个要素都具备，领导力的发展才是有效的（如图 7-2 所示）。下面笔者就结合行动学习对这三个要素的发展逐一解析。

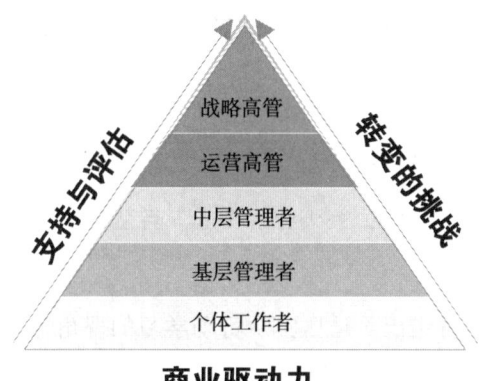

图 7-2 领导力发展三要素

7.3.1 领导力发展要素一：商业驱动力

商业驱动力就是领导力培养项目是否跟学员的商业运营活动紧密相关，学员是否有足够的驱动力去参与和投入这个项目。干部们都很忙，当发现培训课程和所谓名师对他们的业绩帮助不大时，他们又怎么会把精力放在学习上？所以，脱离实际工作的领导力发展项目，最终都变成了流于形式。

干部培养需要回归业务本身。将干部组成行动学习小组，以备受领导关注的战略任务达成作为行动学习课题，将达成战略任务与学习发展统合为同一件事，这样，领导力发展项目自然具有了商业驱动力，也激发了干部学习成长的内驱力。是不是把战略任务分配给要培养的干部就可以了？答案是，还不够，还必须具备领导力发展的第二个要素。

7.3.2　领导力发展要素二：转变的挑战

什么是转变的挑战？管理者的思维惯性和组织惯性是领导力提升的最大障碍。只有当管理者面对一个按传统方法无法解决的挑战时，他才有可能走出舒适区，突破心智模式。转变才开始发生，领导力才能得到真正提升。

如何让管理者走出舒适区？从行动学习的视角来看，就是设置学员很难实现的挑战性目标。人才是"折腾"出来的。商业驱动力和转变的挑战具备了，干部领导力发展的张力就具备了。实战中干部遇到知识和技能的缺口时，就需要领导力发展的第三个要素了。

7.3.3　领导力发展要素三：支持与评估

支持与评估就是借助素质模型对干部的能力进行评估，然后本着"缺什么补什么"的原则，通过知识和技能的培训给予支持。这是干部培养最常用的手段。因为具备领导力发展的另外两个要素，学习不再是被动接受，而是被发展者的直觉需求，所以支持与评估对领导力发展的效果得以大幅度提升。

将军是打出来的，人才是"折腾"出来的。领导干部的培养不能靠纸上谈兵、坐而论道实现，让培养对象投身实战，"在战争中学习战争"才有效。领导力三要素中的商业驱动力和转变的挑战是心智改变和能力提升的关键，而实现这两个要素的关键，就是通过行动学习，设置与学员现有工作紧密相关的课题并设定挑战性目标，以战代练，再通过支持与评估为领导力发展提供支持。这就是绩效派行动学习项目成功的秘密，也是通过行动学习实现在"上甘岭"培养干部的人才培养理念的关键。

案例 7-3　将军是打出来的，人才是折腾出来的

埃里克是一家大型外企的 HRBP（企业派驻到各个业务或事业部的人力资源管理者），他正为一件事头疼，因为事业部总经理交给他一件"不可能完成的任务"。

事业部总经理对埃里克说："未来两年，我们需要 7 到 8 位大区经理的后备人才。用什么样的培养方法我不管，只要在预算范围内我都支持，我只要一个结果：在上岗前证明他们是能胜任的大区经理。"

埃里克认为，"这根本就是一个不可能完成的任务"。因为他找了十几家管理咨询公司，把能想到的人才培养方案都集齐了，360 度测评、知识技能培训、知识萃取后再培训、管理教练、导师制、在岗训练、工作坊……可是都无法给出一个确定的结果——在上岗前证明他们是能胜任的大区经理，你不能说测评胜任就胜任吧？你不能说考试合格就胜任吧？你也不能说教练和导师评价胜任就胜任吧？

那么，在什么情况下才能证明这些后备人才能胜任呢？对，胜不胜任只有上岗后才能知道，别的都是预测，这是"小白"都能想明白的道理啊。

所以，埃里克抱怨说，事业部总经理的想法根本就是异想天开！

大家不妨代入一下，如果你是埃里克，能不能解决这个难题？如果没读《行动学习实战指南》这本书，大多数人也会认为这是一个不可能完成的任务。

这是一个典型的领导力发展项目，大家先看传统的领导力发展模式会怎么做。最常规的做法是结合绩效考核和测评，挑选出一部分绩效优秀、有能力和潜质的区域经理作为大区经理后备人才，然后再依据大区经理的能力模型为标准选择、开发培训课程，运用多种手段训练，最后再做个测评，前后一对照说能力提升了多少，完工大吉。

这些人从此就可以胜任大区经理这个岗位了吗？只有上岗了才能知道。因为在上岗之前，这些后备人才根本就没有机会去承担大区经理的工作任务，即使培训再久，也不过是纸上谈兵而已。

这个故事很有意思，事情陷入了一个死结：只有让他们上岗才能证明是否胜任，要让他们上岗首先要证明他们胜任。

事情真的无解吗？传统视角也许确实如此，用行动学习视角看，不过是"张飞吃豆芽，小菜一碟"。下面，笔者结合本尼斯的领导力发展三要素，来设计这个干部培养项目。

第一，用行动学习创造上岗经历，打造商业驱动力。

不是只有上岗之后才知道能否胜任吗？问题就是答案！那

就让他们上岗——用行动学习创造出上岗经历。如何上岗？其实，这里说的"上岗"只是个比喻。比如，以绩效考核结果为依据，评选 20 多位大区经理后备干部，将他们分成三个小组，每个小组对应一个业绩较差的大区，在大区经理的支持下，深入调研、分析问题、制定方案；在大区经理的授权下，推动方案落地，在落地过程中验证假设，修正方案，帮助大区进行绩效突破。在这个过程中，三个小组相当于换位到大区经理的视角去分析问题和解决问题，相当于履行了大区经理的职责。通过行动学习为后备干部创造了上岗经历，打造出了商业驱动力。

第二，通过绩效倍增行动学习项目，创造转变的挑战。

换位到大区经理视角去突破业绩本身就是转变的挑战。而且，他们没有大区经理的权力，推动方案落地过程会遭遇比大区经理更大的挑战，这是更大的转变的挑战。

第三，用 360 度测评和领导力技能培训，创造支持与评估。

提前上岗大区经理的位置为后备人才发展创造了商业驱动力，绩效倍增项目创造了转变的挑战。再结合 360 度测评、专业知识培训、领导技能培训，埃里克就可以对后备人才进行全面的支持与评估。

将军是打出来的，人才是"折腾"出来的。用行动学习创造出真实的上岗经历，实现领导者的发展，这就是领导力发展行动学习解决方案的价值所在。当有了让后备管理者履行大区经理职责解决问题的真实情境，识别、找到能够胜任大区经理的后备人才不就成了一件很容易的事了吗？这正是在"上甘岭"培养和选拔干部的理念。

从传统总结到复盘是一次升级，从复盘到行动学习则是一次跨越。因为行动学习一旦在团队中推行并得以长期坚持，就会产生巨大的收益。该收益并不仅仅是达成一两个团队的绩效目标，而是通过此过程构建出良好的组织管理方式，相当于为组织重装了一套操作系统，会让团队变得非常高效，并充分收获工作中的快乐，不断地从胜利走向胜利。

本章复盘：智慧火花，精彩再现

回顾：本章让我印象最深的三点

_____

_____

_____

反思：此时此刻，我的感受和启发

_____

_____

_____

重构：我将做出改变的一点

_____

_____

_____

老石寄语

没有参与，难有共识；

没有共识，难有承诺；

没有承诺，难有行动；

没有行动，难有绩效；

战略落地，始于参与；

绩效倍增，成于复盘。

跋

凡是过往，皆为序章

岁末，武汉。

历时年余，本书终于定稿。我合上电脑，走出书房。妻子在弹琴，虽然指法显得生涩，但已能成曲，陪女儿参加各种兴趣班的结果是她自己学得琴棋书画样样都通。这样也很好，总算钱没白花。

女儿妞妞在沙发上蹦来蹦去，偶尔背上几句绕口令。为了提升普通话水平，我曾苦背绕口令，依旧乡音浓重。耳濡目染之下，妞妞已能背出完整的"玲珑塔"。这样也很好，总算我的功夫没白下。

我则煮一壶沸水，烫热白瓷茶具，泡一壶茶友送的正山小种。古法炒制的烟小种，汤色金黄，香气浓郁，味道古朴。窗外寒冷严冬，屋内温暖如春。钢琴声中，我的思绪又萦绕于复盘这一主题。

结缘复盘，要追溯到 10 年前。

2011 年底，我突然感到人生迷茫。记得当时我在写年度总结。当梳理完一年培训工作的数据后，我试图解读出这些数据为组织创造了多少价值，却没有找到让人信服的答案。工作虽然不是人生的全部，却是人生重要的组成部分。作为一个靠专业吃饭的人，这个结果让我无法接受。

于是，一瞬间，我的心变得空落落的。我一直热爱培训工作，并且用百倍的热忱投入其中，可这些投入可能是无意义的劳作。

于是，我开始复盘自己十几年的职业生涯。

回顾自己的职业生涯，我一直从事人力资源工作，其中一大半时间在做与培训相关的工作。虽然积累了一些专业技能，获得了一定的职位，但实在说不上有何建树。如果非要给自己找点儿小成就，也不是源自本职工作，而是偶尔客串去给一些企业讲课获得的一点好评。

复盘职业生涯，到最后，我只得出了四个字：一事无成。

看着镜子里一脸茫然的 36 岁男人，连续两周的时间，我彻底陷入了迷茫。

莎士比亚在《哈姆雷特》里说，生存还是毁灭，这是个问题。当时我脑子里每天想的是，辞职去做讲师还是继续现在的工作，这是个问题。后来，莎翁的另一句话激励了我，就是本文的标题——凡是过往，皆为序章。

冷静下来之后再次复盘，我发现自己虽然在工作和专业上没有什么建树，但十几年持续深耕人力资源领域，还是有了一些积累。比如，人力资源专业理论和实践、培训专业理论和实践、培训授课技能和写作能力等。

虽然"一事无成"，但并非"一无所有"。既然往日已不可追，就只能直面未来。既然觉得从当下的工作中没有找到意义，就应该重新思考人生的意义。

我开始思考人生的意义究竟何在，当时用了"标杆人物探索法"反思自己的价值观和使命，就是列出三至五个对自己影响最大的人，描述他们身上哪些独特的品格吸引了自己，这其实是自己内心价值观的投射。这是复盘反思心智模式的一个方法，后来我也经常把它应用于AACTP复盘教练认证课程中，引导学员反思心智模式。

经过反复思索，我列出了五个人：我的父亲、我的外曾祖母、苏东坡、斯蒂芬·柯维、迈克尔·乔丹。然后，我开始思考这五个人具有什么样的独特品格，深深地影响了我。

第一个思考的就是我的父亲。想到早已过世的父亲，我不禁潸然泪下。

父亲过世时，我未满15岁。任何一个儿子都会深受父亲的影响，尽管我当时还年幼。

父亲在儿子身上的烙印是如此之深，以至于我好久都不能确定究竟哪一点对我的影响是最大的。

父亲虽然是一个农民，但他勤劳、坚毅、朴实、公正，在周边的村庄有着极好的声誉。他去世前，全村的每户人家都有人去看望过他。直到父亲去世两年后，一位邻居叔叔在喝了酒之后聊起父亲，一边大哭，一边回忆父亲对其的帮助。最后，叔叔说，全村最好的一个人走了。

回忆到这些，我最终写下了"热心助人"四个字。细想之下，我一直好为人师，固然不排除有好显摆的虚荣心成分，但每当帮助别人解决了难题后，自己不也欢欣鼓舞吗？

待我情绪平复下来后，开始思考另一个重要人物——外曾祖母刘英士——对我的影响。

外曾祖母刘英士是中国近代的平民办学先驱，是绥远省安北县（后并入内蒙古乌拉特前旗）史上第一所私立学堂的创始人。

2011年，家兄决定为外曾祖母立碑修墓，我自荐撰写墓志铭。越是深入研究和阅读关于外曾祖母事迹的史料，我越是佩服，自己也在不知不觉间开始受到外曾祖母的影响。

这一次，我写下的是"格局宏大"。

确实，一介目不识丁的农民，而且是女人，却倾力办学，在当时的绥远省（后并入内蒙古）有着广泛的影响力，格局不可谓不宏大。

接下来，我思考苏东坡对我的影响。爱上苏东坡源于林语堂的《苏东坡传》，其后广泛阅读苏诗、苏词，我逐渐被这个豁达、大气的男人彻底征服。

和绝大多数农村子弟类似，我有着源自骨子里面的小农意识，再加上父亲过世之后的贫穷拮据生活，我一直有着深深的自卑心，所以为人敏感，气量也不算大。直到喜欢上苏东坡，我的器量似乎开始放大，虽然这种变化很小，但毕竟开始有了自己能够感知到的变化。

于是，这一次，我毫不费力地写下了"豁达大气"四个字。

接下来是斯蒂芬·柯维。我深受柯维先生的《高效能人士的七个习惯》的影响。七个习惯已逐渐植入了我的心智，而七个习惯背后是柯维先生倡导的原则。

所以，这一次我写下的是"恪守原则"。

最后一位是篮球巨星迈克尔·乔丹。我上大学的时候正是迈克尔·乔丹缔造第二个"三连冠"奇迹的时候，我和上铺的兄弟是乔丹的铁杆粉丝。

在我心里，乔丹是球场上战无不胜的王者。尤其是乔丹拖着脱水的病体客场拿下 38 分最终葬送了爵士队冠军梦的那场球，我每次想起都会热泪盈眶。

我最终写下的是"追求极致"。

汇总这五个人对我影响最大的品格，归纳起来就是：热心助人、格局宏大、豁达大气、恪守原则、追求极致。

对标探索出来的这五点，其实是深埋在自己心中的价值观追求。我将其凝聚成一段话，第一次写出了自己的"墓志铭"——使命宣言。

他遵循原则做事，面对挫折，豁达以对，深耕专业，追求极致，做到了自己所在领域的第一，并让很多人受益。

当这段话呈现在我面前时，困扰了我两周多的两难选择"辞职成为职业讲师"和"继续人力资源工作"突然有了答案。既然无法在现在的工作里找到意义，不妨去为更多的企业创造价值而获得意义。

2012年，我辞职离开了就职的央企，选择"行动学习"作为自己毕生钻研的专业领域，成了专职行动学习促动师。而帮助我在两难之下做出选择的复盘方法，其后融合了 U 型理论，形成了心智反思复盘的方法论。

从 36 岁思考人生，迄今已过了 10 个年头。我先后根据自己的研究与实践，创作了包括本书在内的 4 本行动学习专著。10 年来，我奔波各地，却乐在其中，朋友多不理解，这正是"子非鱼，安知鱼之乐"。

在我看来，每个人的生命都是一次独特的旅程，其更大的价值在于我们过程中的经历。无论达成目标的喜悦，还是遭遇挫折的失落，都是我们人生不可或缺的财富。

世人多以赚钱多寡来衡量价值，却忘了实现生命的价值才是根本。钱财不过是创造价值过程中之附属，将生命的价值附属于获取财富，无异于舍本逐末。诚如《大学》所言：其本乱而末治者，否矣。

点燃自己心中的那一盏明灯，你的心就会获得自在欢喜，同时也能照亮身边的同行之人。

所以，虽奔波劳碌，但看到不少企业、不少人因我的付出而从中受益，便倍感安乐。正所谓"心安乐处，便是身安乐处"。

"君不见，黄河之水天上来，奔流到海不复回。"

不知何时，妞妞跑到了我身边，又一次开启了我们父女俩百玩不厌的接龙游戏。

"君不见，高堂明镜悲白发，朝如青丝暮成雪。"

我顺口接了下句，妞妞却没有再接下去，而是跑去和她妈妈捣乱。

我只好自己接龙："人生得意须尽欢，莫使金樽空对月。天生我材必有用，千金散尽还复来。烹羊宰牛且为乐，会须一饮三百杯……"

壮哉李白，真爱李白，人生当如是。不念过去，不畏将来，生活在当下。不计得失，不论成败，复盘后前行。

凡是过往，皆为序章。

石鑫

于武汉